古酒神韵

GUJIU SHENYUN

山西神泉酒业有限公司

SHANXI SHENQUAN SPIRIT CO., LTD.

[主　编]

高云河　刘瑞祥　张前耀(执行)

[副主编]

赵世中　张绍锁

方志出版社

Publishing House of Local Records

【序】

赵严虎

山西神泉酒业有限公司自1985年建厂，如今已迈入而立之年。三十年的发展历程，神泉酒业历经市场经济浪潮的波澜起伏，在白酒行业形势风云变幻中，以非凡的胆识、顽强的毅力和锐意进取的精神，逐渐在市场上站稳脚跟，并不断发展壮大，一步一个脚印地实践了山西乡镇企业的改革发展之路。

神泉古酒秉承传统酿造工艺，在品牌建设与市场营销方面走出了一条“小而精、小而专、小而特”的差异化发展之路。与此同时，也逐渐形成了具有自身发展特色的企业文化。近年来，神泉酒业紧抓市场机遇，实现快速发展，倾注了董事长高云河先生全身心的精力和投入，也体现了一个企业家的责任与担当。

《古酒神韵》于神泉酒业三十周年厂诞编纂成书，见证了神泉酒业艰辛的发展历程，是神泉酒业企业文化的集中体现，同时也是山西酒文化灿烂悠久延续发展的一个缩影。山西白酒行业的振兴，需要更多像神泉古酒这样的品牌和产品，需要更多像高云河先生这样敢于担当的企业家，更需要企业家再积聚全新的拼搏精神。愿一道走来的企业家们，弘扬中华酒文化，积聚时代精神正能量，共同创造山西白酒行业的美好未来！

2015年9月

赵严虎，山西省酿酒工业协会会长。

【前　言】

刘瑞祥

神泉者，“马跑神泉”也，乃三晋之名泉。位于山西吕梁山脉东麓，今汾阳市境西北处白彪岭山谷。东汉《水经》记之，北魏郦道元《水经注》载之，清代《山西通志》颂之。相传北魏时贺鲁将军镇守此地，一次与戎敌交锋，战马失脚跑踏平地，一股山泉水喷涌而出，将士畅饮，精神大振。后人谓之“马跑神泉”。此泉水，清澈甘甜，奔流滔滔。千百年来，不仅滋润着流域内的田园，养育着沿河而居的生灵，更堪称汾州大地之酿酒“圣水”。

酒，乃文明之标志与象征，中华民族曾最早发明酿酒。据考，山西汾阳杏花村的先民在仰韶、龙山文化时期已开始酿造白酒。史料也记载，明永乐十二年（1414），明成祖朱棣敕令二侄朱济炫、朱济烺于汾州开府，是为庆成郡王、永和郡王。庆成王在今汾阳市堡城寺村设王府庄园。庄园内开有酒坊，采用汾阳传统的杏花村老白汾酒酿造工艺，汲取清澈甘甜的马跑神泉水，酿出清雅纯正，馨人心脾，入口绵落口甜的清香型白酒，冠以“庆成王府酒”。此后，该酒遂成皇室及皇帝大宴群臣，犒赏将帅的上乘御品。

“神泉溪畔桃红柳绿着秀色，王府庄园云蒸霞蔚泛酒香。”山西省书法家协会副主席张明智先生为山西神泉酒业题写的这副楹联，让人们从汾阳古老历史文化的长廊步入眼前一个现代化白酒企业的文化园林。

酒以泉名，佳酿天成！

1985 年，中国大地改革浪潮不断涌起，乡镇企业蓬勃发展。汾阳县经济开发公司与峪道河镇人民政府应势而上，在堡城寺村（原明庆王府庄园旧址）联合建起了汾阳县峪道河神泉酒厂。随着时代的发展，2005 年神泉酒厂改制为山西神泉酒业有限公司。30年坚实走来，神泉酒业坚守这块宝地，善用“马跑神泉”这脉圣水，秉承千年传统酿酒工艺，以神泉文化为助力，坚持改革创新，不断打造和推出高品质白酒——“神泉古酒”。经过不同阶段的升级发展，企业面貌焕然一新，系列品牌产品名声远扬，经济效益和社会效益显著提高，并屡获多种殊荣，成为白酒行业的佼佼者。特别提及的是，公司董事长高云河先生视文化为企业的灵魂，坚持“文化促企、文化兴企”的发展战略，深入挖掘明代庆成王府古酒文化和马跑神泉文化，传承历史遗产，丰富企业内涵，成功注册“神泉”牌商标，被吕梁市人民政府命名为吕梁市非物质文化遗产“马跑神泉的传说”代表性传承人。

中共中央总书记、国家主席习近平同志指出：“一个没有精神力量的民族难以自立自强，一项没有文化支撑的事业难以持续长久。”本书旨在融神泉古韵与神泉佳酿为一体，以展现“神泉酒业”的文化传承之路。从而在创造新的物质文明和精神文明的进程中，构建意味深长又绚丽多彩的神泉酒业文化，并使之在人们的心中广为流传。“神泉流淌美丽传说，古酒飘逸文化清香”。神泉古酒像从远古走来的天使，携带着属于她的诗歌、传说、书画，为人们的生活带来无尽的美意。

本书分上下两篇：上篇为“神泉史话”，包括“传说故事”“史迹考证”“古典诗歌”三部分；下篇为“神泉酒业”，包括“发展历程”“品牌之路”“文化神泉”“神泉未来”四部分。神泉文化和神泉酒业属于汾阳人民，《古酒神韵》的编写和出版，或许会为悠久厚重而有特色的汾阳文化增写美好的一页。

“喝神泉古酒，交天下朋友。”愿《古酒神韵》伴随着“神泉酒业”的各种品牌走进千家万户。让人们喝出美酒的滋味，能品出古酒文化的韵味。欢乐与美酒同在，享有与福祉永存。

2015年9月

久远苍茫的年代，一个真实迷离的故事，化作美酒，流淌在神泉的传说中。

神奇的泉流长渊远。由史佐证，有据而真；先祖的传人，龙根龙脉相承相应。

恸感日月生命，吟撼悲壮云天。诗酒越千年，神泉慨当歌。

独慧玲珑般的企业，由小而大而强而坚实，踏坎坷跨曲折，一路风雨兼程，步履稳且健。

创业，创新，创奇迹；唯品质至上。酒品，人品，心品；为社会造福凝魂如日中天。

经营之道，张弛以度，规矩方圆，出神入化。敬业操守融入筋骨，酿造祥和，传递大爱。

神泉致远，鹏程翱翔。面朝布满荆棘的路，再圆神泉人新的梦想。

目录

上篇

神泉史话

弌 传说故事 003

马跑神泉 004
水母娘娘 008
洞宾种水 011
三神祠 013
一窟淘米泔 019
神坡梁 021
金庄大槐树 023
三月三，祓灾祈福饮神泉 024
宿古寺，狄青率军归故里 025
宋徽宗，赐封贺鲁润济侯 026
明代宗，颁诏水神御祭文 027
明藩王，逍遥神塘醉陶然 028
显庆寺，悠扬钟声传百里 029
朱翰林，寄情金庄解脱园 030
崔知县，三祷神祠降甘霖 031
天桥磨，林下蛰居冯玉祥 032
访古建，梁思成与林徽因 033

弍 史迹考证 035

“马跑神泉”史考 036

附录——

清康熙《汾阳县志》载“马跑泉”“润济侯庙” 044
汾州西河县永泽庙记 045

02 目录

润济侯庙记 046
御祭永泽庙碑文 047
汾州新浚诸泉图记 049
马跑神泉流水碑记 051
修复马跑泉入城渠道记 052
重修神泉碑志 053
峪道河谷地古景篆刻 054

庆成王府酒 055

附录——
古法酿酒图 058
清香型白酒制作方法 060

峪口村圣母庙 061

附录——
峪园记 070
峪口润济侯庙新兴会记 071
娘娘庙兴建茶亭嵌石 072
峪道河口旅行记 073
峪口村重修圣母庙碑记 075

贰 古典诗歌 077

咏马跑神泉古诗 078

目录

下篇 神泉酒业

贰 发展历程 101

筹建概述 102

联合经营 104

附录——

联合经营协议书 108

联合经营时期厂区 109

历任厂长简介 110

任免文件 114

租赁经营 115

附录——

租赁经营合同书 118

产权置换 119

附录——

峪道河镇神泉酒厂改制方案 127

汾阳市神泉酒厂产权转让协议 129

汾阳市峪道河镇历任主要领导名表 130

山西神泉酒业有限公司历任领导名录表 131

贰 品牌之路 133

借蛋孵化 134

历练嬗变 137

璀璨升华 142

附录——

牌匾与证书 145

神泉古酒经典产品 146

神泉酒业历年获得荣誉 150

目录

贰 文化神泉 155

《让梦飞翔》 158

《永远的神泉》 160

物质文化 161

生产环境 161

山西神泉酒业有限公司厂区功能布局图 163

厂容厂貌 164

广告宣传 166

行为文化 168

2013年度先进工作者颁奖词 171

人际关系 173

服务行为规范 177

制度文化 180

山西神泉酒业有限公司章程 180

劳动人事管理制度 187

考勤制度 187

安全教育培训制度 188

劳动用工制度 189

生产经营部门职责管理制度 189

民主管理制度 195

精神文化 196

附录——

山西神泉酒业有限公司组织结构图 201

山西神泉酒业有限公司企业文化战略委员会组织结构图 202

山西神泉酒业有限公司考核委员会组织结构图 203

山西神泉酒业有限公司安全生产机构图 204

山西神泉酒业有限公司质量管理体系组织结构图 205

神泉诗画 206

神泉古酒赋
（一） 206
（二） 207

诗　词 208

古酒吟咏 208
【七律】咏神泉酒业 208
【如梦令】生日小韵 208
【蝶恋花】酒工小调 209
【南乡子】神泉行 209
【西江月】咏神泉古酒 209

民歌民谣 210

神泉古酒 210
神泉酒业在这里 210
堡城寺村 210
神泉人唱神泉歌 211
精益求精 212
尽职尽责 212
贮　酒 213
销　售 213
游神泉酒业展览馆 213
禁 烟 火 215
厂无名牌难长久 215
照章纳税走在前 215
企业信用三A级 216
吕梁行署授金匾 216
赞助《走进大戏台》 216
十 强 赛 217
乒乓球室 217
文化气息 217
名人字画入眼帘 217
书法诗家展技艺 218
古酒是咱百姓的酒 218
上的就是神泉酒 218
经济实惠对胃口 218
今生有缘结古酒 219
喝了神泉酒 219

目 录

高云河小传 220
藏头诗二首 222
乙未年春节作藏头诗赠云河兄 222
故乡同样展宏图 222
仁　者 223
啦啦歌 223
神　塘 224
神塘大庙 224

书　画 226

中　堂 226
书　法 227
国　画 244
斗　方 254
篆　刻 263
木　雕 264
企业文化展示厅 265
文化长廊 278

书刊拾录集萃 280

人品　酒品 280
神泉古酒十六品 283
书刊与资料 284

三 神泉未来 287

山西神泉酒业有限公司发展规划 288

一、白酒经济及行业环境分析 288
二、发展思路 290
三、发展目标 291
四、产业定位及发展特色 296
五、主要策略和措施 297

后　记 298

上篇

神泉史话

弍

传说故事

马跑神泉

◎ 刘瑞祥

汾阳峪道河源头的葫芦峪里，有一股旺盛的泉水，涌出于一个巨大的马蹄印形状的沙石坑中，此坑直径约七八尺，深丈余。泉水一旦出坑便流势湍急，浪花飞奔，淌出了一条由西向东的峪道河。汾阳人把这股泉水叫神塘水，后又讹传为“神头水”。

神塘水即传说中的马跑神泉，又名马刨神泉，是古“汾州八景”之一。关于马跑神泉，民间有一种说法是：古时有位叫贺鲁的将军，率军士们在杏花村喝了美酒后，向西北方走了四十里，进至白彪岭下的葫芦峪谷地时，适逢西来的戎敌由山谷间偷袭进犯，而军士皆口渴难忍。正在危急之时，贺鲁将军的战马一声长嘶，扬蹄飞奔，尔后踏出一股山泉水。军士们饮后斗志昂扬，克敌制胜。

下面所讲的是另外一种说法。

传说贺鲁将军是北魏人，他以元帅之职，镇守着汾州西北境白彪岭、黄庐岭、将军岭、薛公岭一线的险关要隘，以防外部戎敌的侵犯。据说，曾女扮男装、改换名字，替父从军的花木兰，当时是贺鲁将军的部下，她的驻兵之地就在如今的花枝村。

花木兰是个小校，她飒爽英姿，武艺高强，纵马挥枪，概无敌手。她的那杆红缨大枪使圆时，但听得劲风呜呜作响，一杆枪似乎化作了十杆百杆，将自身与坐骑团团罩住，然矛头却神出鬼没，人皆不知其所向。贺元帅很器重骁勇机智的花木兰，常带她到各守军驻地教练枪法，因此花木兰在军中很有名气。

这年春暖花开之季，一支两三千人的戎敌从吕梁山腹地，经葫芦峪的山峡，偷偷向平川地带进犯，企图抢掠城镇后满载而归。待驻守在白彪岭的数百北魏军发现时，大队人马已出了山峡口，北魏军立即燃起山顶上的烽火狼烟报警。北魏军为拖住敌人，曾下山扰敌，怎奈势单力薄，只好退守山寨。戎敌不攻山寨，大队人马沿峪道河谷地而出，计划突袭汾州隰城（今汾阳）县城。

探马飞报至城内军中大帐，贺元帅急令守军登城防卫，又亲自点起一支精锐人马直抵戎敌进军的方向拒敌。花木兰以偏将身份随军出发。

大军向北行了十里，在今峪道河谷地的峪口一带与敌相接，两下里杀声震天，人如潮涌。戎敌虽彪悍蛮勇，但远道而来，长途行军，乃疲惫之师。北魏军以逸待劳，个个奋勇，直杀得戎敌步步后退。后来，戎敌便全线沿原路败退而去。

贺元帅欲挥师穷追，花木兰劝曰：“戎敌虽败，尚未大乱，其所退峡谷之路乃通戎界，敌方为防止断其归路，必然会有留一支人马隐藏于山峡之中接应，切切不可冒进。不若先停止进攻，稳住敌军，然后派一支锐兵，绕道向阳峡山谷，与黄庐岭上的驻军一道翻山越岭断其退路，到时，敌军当全军覆没！”

贺元帅却说：“区区戎敌，皆外邦部落的蛮夫莽汉，岂懂用兵韬略？切勿高看了他们。今戎敌溃败，正是杀敌立功、威镇边庭的大好时机。一旦放过，岂不可惜？”遂厉声对部属吼道：“大丈夫斩级割馘，报效朝廷，正在此时。追！”

但见令旗一甩，北魏军像洪水般涌了上去。追了十来里，跑在后面的戎敌皆作了望乡之鬼。

看看快追到重峦叠嶂的葫芦峪了，花木兰再次劝阻贺元帅鸣金收兵，贺元帅正追杀在兴头上，哪里肯听！

此时，忽听得一声凄厉的号角长鸣。从葫芦峪的山崖背后，激流般冲出一支马队，人数虽不算多，但少说也有五百余骑，风驰电掣，锐不可当。眨眼间已冲入队伍不整的北魏军中，一阵冲杀，北魏军士卒纷纷倒地。有几个骑士快马弯刀，直扑书有“贺”字的中军大旗。

贺元帅舞起大刀接敌，众将士奋力厮杀，刀光剑影，兵器撞击，杀得难分难解。

此时，花木兰被三个戎敌的骑士围住，敌人一个使狼牙棒，一个使七棱八角的大铜锤，一个使三股叉，各有套路，身手不凡。

贺元帅愈战愈勇，只见他大刀猛地一劈，一个戎敌在寒光中落下马去。复一道寒光回闪，又一个戎敌的一条手臂已飞出老远，随着“啊呀”一声惨叫，其余的戎敌吓得扭身而逃，贺元帅策马便追……

看看将近，贺元帅双脚踏镫，屁股离鞍，上体前倾，正待挥刀来一个“闪电劈天”，以迅雷不及掩耳之势，斜砍敌方于马下，不料胯下的战马突然一个马失前蹄，两条腿被深深陷入一小片泥淖之中。多亏贺元帅骑术高超，立即来了个后仰的“铁板桥”，才算没被闪下马去。

贺元帅急忙用刀头撑地，想帮助战马立即把前蹄拔起来。那战马也屁股后挫，后腿猛蹬，铁蹄在石块上溅起了火星，鼻孔里呼呼直喘粗气，无奈陷得太深，一时难以拔出。

被追的两个戎敌已分头跑出老远，回头一看这情景，一齐掉转马头杀了回来。正当危急时刻，花木兰一个镫里藏身，矛头直刺一个戎敌的咽喉，趁势杀出重围，直奔贺元帅而来。

说时迟，那时快，只听得“当当”两声脆响，两戎敌即将同时落下的两把弯刀，一齐被花木兰的大枪挑飞在半空。花木兰“嗨”的一声暴喝，手中的大枪犹如“毒蛇出洞”，眨眼间，一个戎敌的眉宇间已被扎出个血窟窿……

与此同时，贺元帅的战马也长嘶一声，猛一激灵，将那深陷在泥淖中的两只前腿，直挺挺地拔了出来，随着一股泉水的喷溅，高昂的马头和弯曲的前腿顺势腾起老高……

贺元帅得救，戎敌惊惧，北魏军士气大振，直杀得戎敌钻入来时的峡谷中逃之夭夭。为防不测，花木兰请贺元帅鸣金收兵，贺元帅应允，北魏军听到号令后停止了追击。山谷的坳坪地里，众军士都围在喷涌而出的泉水边，又是喝，又是洗，兴高采烈，欢呼雀跃。

这股“马刨神泉”水日夜流淌，四季旺盛，可浇灌大量的农田，历来是汾阳人心目中的圣水。

贺鲁将军死后，被埋葬在“马刨神泉”斜对面高高的神坡梁上。至今，山顶上还有一座巨大的墓冢，人们都说那便是贺鲁墓。

神坡梁上曾有一株堪称奇观的巨大松树。树身奇异，威武雄壮，横枝遒劲，气宇轩昂，世称“将军树”。据说，这株“将军树”的树身只一人多高，树干却需五六人才能抱住，粗壮的横枝依陡斜的山坡生长延伸，如一柄柄巨大的碧翠如意，树冠能掩荫半亩多地。此树毁于20世纪40年代初，被侵华日军伐倒做了烧火的劈柴。

黎民百姓为感谢贺鲁将军，在“马刨神泉”侧畔建了一座贺鲁将军祠。又后来，祠侧陆续建起了圣母殿、吕祖阁等，以一堵围墙圈了进去，号为“神塘大庙”。地方官员为祈祷一方风调雨顺，特向朝廷请旌，封贺鲁将军为润济侯。据说，在贺鲁将军高大塑像的神坛之下右侧，还塑着一位站地白脸武士，那便是女扮男装的花木兰。

贺鲁将军祠与神塘大庙一齐毁损于公元一九五八年的“大跃进”岁月中。后来，古庙遗址处尚留几株古柏，历经沧桑，森森郁郁，似乎在昭示着一种不屈不挠的抗争精神。

水母娘娘

◎ 刘瑞祥

很早很早以前，汾阳峪道河发源地神塘，既没有大庙院，也没有圣母宝座下的那一股泉水，更没有白彪岭、峪道河，以及谷地两侧长长的南梁与北梁。神塘那时也不叫神塘，那地方根本不是如今的样子。

神塘后面有个小村子，村中无井无泉，水源奇缺。这村子地势比神塘高，两地相距有三四里，是个大斜陡坡。

村中有户人家，男人常年在外做买卖，媳妇在家不仅要侍奉婆婆，还得上山打柴，下河沟里挑"困山水"。这里所说的"困山水"，就是在干涸的沟谷地带，挖出一个能斜着走下去的大坑，舀里面由山后渗入地下沙石中的小水。

媳妇是平川里人家，有姐妹三人，大姐嫁太原晋祠，二姐嫁汾阳峪口，只有她嫁进山里。媳妇的婆婆是个性情古怪的老人，她叫媳妇挑水用的木桶是尖底的，挑在路上不能放下歇，说是落过野地的水就不清净了。媳妇挑回来的水光是允许把身前的一桶直接倒入水瓮中，身后的那一桶就叫饮牲口或喂猪用，说是有了邪味。媳妇是个十分贤惠的女人，宁肯自己多吃些苦，也不愿与婆婆争执。就这样，媳妇一年四季在长长的大缓坡上来来往往地挑水，夏天顶着炎炎烈日，冬天迎着呼呼寒风，吃苦耐劳，以德报怨。

这年夏天的一个上午，毒花花的太阳晒得山石发烫，媳妇汗涔涔地挑着沉甸甸的一担水登上坡来。走到半坡时，遇到一个骑马的老汉。那马见有人挑着水走到跟前，说啥也不走了，鼻孔里呼呼喷响，两只眼睛直勾勾地盯着水桶立在坡道中间。这一来，媳妇挑着水就没法走过去了。

这时，老汉跳下马来笑嘻嘻地说："这位娘子，天气炎热，看来我的马实在是渴得忍不住了，把你的水给马饮一些吧。"

媳妇为难了。她见那匹马耷拉着个脑袋，两眼盯着水桶可怜巴巴地站在那里，心里觉得"相人比畜生"，自古道"饥渴难忍"，很想给马喝一些。可怎给喝呢？一则桶是尖底的不能着地，再则牲口要喝水，也不是一瓢两碗的就能满足，若是喝上半桶，自己回去咋向婆婆交代？如若再返回去挑，时辰耽误得多了，婆婆问起来又不好说清楚。

媳妇一时没了主张，挑着水桶呆呆地站在那里。

这时，老汉又笑嘻嘻地开了口："这么办吧，你也不用为难，我这里就地挖个小坑，你把水桶里的水往坑里圪溢上一些，润润马的喉咙就行了。"

媳妇觉得这个方法倒也不赖，就讪讪地点了一下头。于是，老汉蹲下身来，捡起块石片，在地上三下两下就抠出个小坑。媳妇把水桶凌空挑在小坑顶，轻轻晃了几下，溢出的水果然落进了小坑里。渴极了的马立即俯下头饱饮起来，水从马脖子往肚里送咽时，能清清楚楚地听到"咯咕咯咕"的声响。

那马喝足后，仰起鬃毛很长的脖子，感激地嘶鸣了一声。

媳妇低头看时，那小坑中的水竟还是满盈盈的，像是不曾喝过似的，心里好有点蹊跷。

老汉见马已喝饱，就对媳妇说："你一个女人家，一年四季挑水也太辛苦了。我把这条马鞭子送给你吧，回去后把它放在你家水瓮里，每天清早起来后把鞭子往起拔一拔，水瓮里的水自然就满了，你也省得挑水了。"

说完，把手中的皮马鞭子递给了挑着水桶的媳妇，翻身上马下坡去了。

媳妇看着手中的马鞭子，拿起来闻了闻，上面隐隐有股皮子的邪味，于是，心中半信半疑地挑着水桶回了村。第二天，媳妇做早饭时，顺手把放在水瓮里的马鞭子往上拔了拔，果然水瓮里清水上涨，心里十分高兴。她本想把昨天的事情告诉婆婆，可知道婆婆的秉性，生怕挨骂，打算早饭后再慢慢说事。早饭刚过，还没刷锅洗碗，媳妇的娘家托人传来个凶讯，说她的父亲病危，回去的晚了就怕见不上了。媳妇眼里噙着泪蛋蛋，急急慌慌地告别了婆婆，随来人回平川娘家去了。

这天的午饭，只好由当婆婆的自己动手了。老太婆扭扭捏捏地走到水瓮前舀水时，见里面插着一根黑乎乎的鞭绳，就生气地随口骂道："怎么把个扎心圪蒂也弄到水瓮里来了？真是个齷齪鬼！"

老太婆嘴里骂着，伸手就把那条马鞭子拔了出来，转身撩起门帘，恼悻悻地扔在了院心里。谁知就这么一下竟闯出了大乱子，只见水瓮粗的一股泉水哗哗地喷涌而出，转眼间，又变成了土窑洞粗的大水，汹涌澎湃……

这股子大水从大陡坡上翻滚而下，朝坡下的平川地带漫卷而来。大水所到之处，田地冲毁，庄稼拔起，村庄被淹。

媳妇刚进了娘家的门槛，看了看躺在炕上的老父亲后，正抹了把脸坐在镜前梳头。忽听邻人说山里发了大水，把下面的村子也淹了。心想：是不是婆婆拔了水瓮中的马鞭子？她连散开的头发也顾不上拢，就心急如火地又从娘家往婆家赶。走到今庄化村时，果然见大水由西北向东南滚滚流泻，浪波里的石块冲得发出轰轰隆隆的响声。

媳妇从高坦处逆水而上，走到今神塘时，见往日挑水的坡上，势不可挡的大水正呼啸着往下冲刷，想到下面被大水淹得一塌糊涂的样子，觉得是自己闯下的祸，心里一着急，就一屁股坐在波涌浪飞的坡底，想用自己的身子把大水堵住。谁知这一异想天开之举竟然奏效，大水顷刻被截得改道从头道川里流走。

水患消除了，媳妇却再也没有站起身来。她的上身变成一座巍峨的大山峰，这山峰就是现在的白彪岭。她的两条伸展开来的腿，变成了于今峪道河谷里的南梁与北梁。因她坐下来堵水时，有一些小水从屁股下溢出，后来就变成了从白彪岭下涌出的泉水，也就是造福人间的那股神塘水。而当初她在半坡地方，从水桶里晃溢在老汉挖出的水坑里的水，也变成了四季不枯的一个小水窟。

世人感激她的义举，就在神塘修了一座气度不凡的圣母庙，俗称娘娘庙，塑像形态是梳头的动作。还在半坡的小水窟处修了一座小山神庙，那是为那个骑马的老汉修的，老汉乃山神的化身。

洞宾种水

◎ 刘瑞祥

由于汾阳一带建有多处吕祖坛、吕祖阁、吕祖庙，因此，八洞仙家之一的吕洞宾与汾阳人缘分比较深，常来汾阳地面上走动。一次，他得知县境之北的石头山与黄土梁相交地带的庄上、敖坡、石老等村十分缺水，不禁动了恻隐之心，想去那里为黎民百姓种些水。于是，向张果老借上毛驴，向铁拐李借上宝葫芦，晃晃悠悠骑驴往门面山下的庄上村而来。

进村时天已擦黑，从夹沟里吹来的九月秋风凉丝丝的。吕洞宾下了驴，心想，时候已经不早，不如先住一宿，待明天一早明明亮亮地再去选合适地方种水也不迟。

他轻轻地叩响了村边一家的街门，不一会出来个中年女人。吕洞宾刚说了句投宿的话，那女人见他是个穷老汉打扮，还拉着一头又瘦又小的毛驴，量也是个白吃白喝白住的货，就不耐烦地说："我们家里上有老下有小，窄窄迫迫的还住不下哩，哪有空闲房子留客，你还是牵上你的毛驴到别处去吧。"

吕洞宾虽然吃了闭门羹，但并没有不高兴。他觉得女人们头发长见识短，何必与她计较什么，转身又走到一家街门上敲了起来。出来的是一个中年汉子，得知他要借宿，这人也斜了眼前的老汉家一眼后冷冰冰道："我们家没留客的习惯，你走吧。"

碰了两回钉子，吕洞宾好生不快，兀自唠叨说："都说山里人热情厚道，怎么这地方的人是这么副德行？怪怪样样，小里巴气，怪不得平川的人叫你们山怪哩。"忽见不远处有一座小庙，心想，山民家不留客倒也罢了，寺庙里岂能不行善事？就朝山门走来。

敲了好一阵子工夫，听见里面有慢腾腾的脚步声，紧接着一个粗声粗气的嗓门问道："谁在外面敲门？"

吕洞宾隔门道明了来意，里面老半天没回音，可能是庙里的人从门缝上向外眊瞧来人的模样哩。忽然，门里传出了话声：“喂，山门不是客店，你寻别的落脚地方去吧。”说罢，连门也没开就折回去了。

吕洞宾孤零零地立在门外，一股恼怒之气不禁油然而生：好个没人味的地方。罢了，走！

吕洞宾一怒之下改变了在庄上村种水的主意，乘着月色，连夜踏山路去了邻近的石老村。村里的一个老光棍待他还算凑合，给吃了些炒面和山药蛋，还让他在脏兮兮的土炕上住下。第二天吕洞宾出村后，打开宝葫芦的盖子，用食指蘸了一些水珠看准个地方弹了过去。从此，石老村有了一线泉。到了毗邻的敖坡村后，村人对待这个穷老汉又比石老村好一些，还给吃了蘸黄菜汤的莜面栲栳，于是敖坡村有了四头沟的水。

又后来，吕洞宾骑驴来到白彪岭下的峡谷坪地里时，山上突然传来一声雷鸣般的虎啸，小毛驴惊得撒腿就跑，吕洞宾一时收勒不住缰绳，匆忙之中，竟将怀中的种水葫芦也跌落在地上。

待吕洞宾拢住小毛驴弯回来捡宝葫芦时，水正汩汩地从葫芦嘴上往出冒。他赶紧把宝葫芦扶起，盖好塞子后又骑驴朝向阳峡沟的方向走去。

在跌落过种水葫芦的地方，一股旺盛的泉水哗哗泻出沟外，成了后来的峪道河水。人们把泉水涌出之地叫成了葫芦峪。

传说向阳村的人待穷老汉挺热情，饭桌上还摆了四个盘子，因此，那地方有了“桃花泉”，连十里外的宋家庄村吃的都是这股泉水。

后来，庄上村的人们得知在石老、敖坡、神塘、向阳种水的老人，就是在村中投宿受到冷遇的穷老汉时，无不痛责有眼无珠之人的不义之举。但时过境迁，责怪又有什么用呢？只好“唉”的一声长叹，继续苦受缺水的煎熬。

三神祠

◎ 刘瑞祥

汾阳峪道河源泉处，自古以来就是风景秀丽之地。这里群峰环列，一泉涌地，峡谷幽深，储秀蓄奇。“马跑神泉”侧畔，有一座松柏森森的神塘大庙，围墙内有原公祠、贺鲁将军祠、水母娘娘殿、神泉亭、孔子阁、吕祖阁、佛家阁等建筑。据说，这些祠宇中，以原公祠最古老，而比原公祠还要早一些的是三神祠，可惜该祠在很早以前便不复存在了。

三神祠是战国初期的庙祠，也是汾阳大地上有记载的最早庙祠。周王室到贞定王时，已失去了号令天下诸侯的权威。

曾经称霸一时的晋国，也在晋出公时进一步走向衰落，晋国世卿智瑶、韩康子、赵襄子、魏桓子等，都占有很大的领地，实际上已经摆脱了晋公的控制，成为独霸一方的诸侯国了。

这四位世卿中，又以智瑶的势力最重，也最为霸道。

一次，智瑶平白无故向韩康子索要土地。韩康子很恼火，手下人进言说：“智瑶贪财狂妄，给了他，正好助长他的恶习，让他更加贪婪，贪得无厌必将招来灾祸。”于是韩康子给了他一个大县邑。

智瑶见有利可图，紧接着又向魏桓子提出了领土要求。魏桓子不想给，手下人劝道：“给了吧，人家韩康子给了一座城邑，咱不给，他肯定要起兵伐咱。咱现在斗不过人家，到时，他肯定还会向赵襄子也去要，这样下去势必积怨甚深，终究是要吃大亏的。”于是，魏桓子也不情愿地给了智瑶一个万人之县。

智瑶不费举手之劳便得了两个县邑，觉得别人都怕他，更加目空一切，他自然又向赵襄子伸手索要地盘。不想这赵襄子是个硬茬茬，对此无理要求只有两个字："不给！"于是，这年夏天，智瑶便要挟韩、魏两家一齐出兵攻打赵家，并掘开汾河堤岸，水淹赵襄子的晋阳城。城池虽岌岌可危，但城内军民同仇敌忾，誓死捍城，智、韩、魏三家之兵只好将晋阳城围了起来，等待城内粮草耗尽时再发动进攻。当然，韩、魏两家出工不出力，兵力围得并不太紧，他们是被胁迫而来，出工不出力嘛。

赵襄子有个幕从叫原过，此人正直无私，忠实可靠，他在赵襄子从晋南奔保遭受进攻的赵家老窝晋阳城之后，处理了些善后事务便向晋阳行进。当走到王泽（在今新绛县的西南七里）时，天色已经昏暗下来，这时，迎面迷迷蒙蒙突然飘来一团云雾，仔细一看，云雾中有三个衣着不凡之人。从衣带以上清晰如画，而衣带以下的身体却掩在云雾之中若隐若现。

原过正在惊愕，三人中的一位手持竹简者开了言："原公勿惊，吾等乃霍太山山阳侯，玉帝敕封之山神也。汝将这封竹书转赠于赵无恤（赵襄子名），让他斋戒熏沐，供奉竹书于案。三日后开阅，其中自有保晋阳城之良策。事成后，请赵无恤筑三神祠于百邑之地，使吾等到处能有游历歇息和享受香火之所。"原过接过竹书后俯首长揖拜谢，待抬起头时，眼前一切已无影无踪。

原过潜入晋阳城后，将竹书及遇神人之事，禀报了正在为艰苦守城而心绪沉重的赵襄子。赵襄子如获至宝，立即依序进行斋戒，三日方尽，急切将竹书开启，只见上面有红字写的朱书行行……

赵襄子完后面露喜色，即刻修书两封，遣人密送城外的韩康子与魏桓子。信中说："……智瑶可以决汾水以淹晋阳，如果攻灭我赵氏，根据智瑶残暴贪婪的本性，日后他难道不可以用同样的方法，用河水去漫灌魏家的都城安邑（今山西夏县）、韩家的都城平阳（今山西临汾）吗？你们的都城可都筑在河岸之侧啊。我们与其叫蛮横无理的智瑶一个个吃掉，还不如趁此机会彼此化敌为友，联合起来将智瑶攻灭，然后平分智家的土地，各自修好，互不侵犯，永享太平。"

一席话点醒了梦中之人，韩康子和魏桓子也都感到后怕。于是，赵、韩、魏三家约好出兵之日，一齐攻击毫无防备的智军，混战中智瑶被杀死，智氏政权也随之彻底垮台。

此后，赵、韩、魏三家进一步将晋国的领土瓜分，晋君成为“聋子的耳朵——摆设”了。这就是历史上有名的“三家分晋”典故。

周威烈王二十三年（前403年），周天子颁诏承认这一现实，封三家为诸侯国。自此，周天子自坏纲常礼教、分封制度，天下进入群雄割据、虎斗龙争的战国时期。

再说赵襄子把大战后的一系列国事安定以后，他不敢忘却三位神人的相助之功和嘱托，立即派原过在赵国的领地内，选了一百个邑镇，修筑了一百座三神祠，并亲题祠额，遣工匠按统一尺寸雕刻，悬挂于祠檐之下。百座三神祠完工后，原过也因操劳过度而病殁。赵襄子亲自选山光水色上佳的峪道河神塘之地，为这位忠实的近臣建一专祠，题称原公祠。据说，该祠紧傍三神祠之侧，规制与三神祠大同小异，峪道河水遂有原公水之称。

人以地名，地以人名。后来，神塘的名声日高，这一带便成了人们游历避暑的风景胜地，这种情形一直延续到近代。然而，令人痛惜的是，历史悠久、景致优雅的神塘大庙，于20世纪50年代末被彻底夷平，不仅使“壶庐峪，原水源”（民国年间汾阳知事王育昌题刻在此处山崖上的词句）之地大煞风景，人们也为愧对古人先贤而黯然神伤。

三贤祠在汾阳为数不多，规模也都不大，但它名望很高，尤为文人儒士所敬重。它供奉的是战国初期，被魏国国君魏文侯尊为国师的三位高士：卜子夏、段干木、田子方。

卜子夏是孔子的学生，擅长于文学，相传他在孔子死后，入魏国西河（今汾阳）之地北境的隐泉山讲学授徒。隐泉山后易名为子夏山，今山上有石室号为“隐堂”，相传即其寓居的地方。段干木和田子方则是卜子夏的得意门生。

段干木是晋南芮城人，居今汾阳城内楼西街，此街原称庐士街。田子方籍贯不详，曾居今汾阳城东北四里的古贤村。二人皆慕卜子夏而来。

魏国的国都在安邑，即今山西晋南的夏县，距古西河之地的隐泉山，即今汾阳北境的子夏山有五六百里。魏文侯每次前来颇费番功夫，特别是到了山下后，还得向上攀登五十余丈才能到达子夏居住的石室，有的地方山势很陡，需随从用绳子拉拽才能上去。

据说，魏文侯向卜子夏请教国事国策达十八年之久。卜子夏不仅向他指点治国方略，还把自己的得意门生段干木、田子方、李悝、吴起等推荐给他。

段干木、田子方为国师，国人上下敬之，举国以贤为道；李悝为宰相，悉心改革，励精图治；吴起为大将，守御河西，秦兵不敢东进。

有一次，魏文侯问子夏说："先生，我在听古乐的时候，不仅要站着听，同时会情不自禁地要端正一下冠冕，而在听郑、卫诸国之音时，则愿躺着听，却不知倦，这是怎么回事？"

子夏说："夫乐者，与音相近而不同。乐者，正六律，和五声，弦歌诗颂，此谓德音也。因此，钟磬竽瑟以和之，干戚旄狄以舞之，所以祭先王之庙也，所以献酬神之酢也。音者，勾七情，纵六欲。郑音淫志，卫音靡志，宋音溺志，齐音傲志，皆害于德音也。佳音者，肃肃敬也，雍雍和也，悠悠思也。君主听钟声则思功德之臣，听磬声则思封疆之臣，听琴瑟则思志义之臣，听竹箫则思朝堂之臣，听鼓鼙则思将帅之臣。因此，君主听乐音，非比臣子听乐音，当图正纲纪，定天下，抚万民也。"

魏文侯听后肃然起敬，钦佩之至。

卜子夏的儿子病殁，子夏因悲伤过度而致身心交瘁。魏文侯隔不多久就来看望，后来，见先生身体好些，便陪同他下山游历西河之地的山川景物，力图以大自然的风光，冲淡先生心中的郁闷。一路上，子夏总是念念不忘自己的儿子，总是唠叨着儿子的事情，真是对儿子充满了说不尽的关爱，道不完的思念，流不绝的哀伤，连魏文侯也跟上多次落泪。为安慰先生，一路上，魏文侯把卜子夏大动感情的地方，分别命名为爱子村、想子垣、殇子坡。这三个村子现书为：艾子村、相子垣、桑枣坡。

后来，卜子夏终于还是为死去的儿子哭瞎了双眼。

据说，卜子夏当初将他的学生段干木推荐给魏文侯后，身为国君的魏文侯曾多次去段干木的住宅去拜访，然段干木不仅不见，而且一听说魏文侯来了，便翻越破围墙而躲避它处。

魏文侯虽屡不得见，但每次路过段干木宅前的街巷，必下车向其庐舍施礼。仆从愤愤不平地说："国君呀，人家连你的面都不愿见，国君为何还要给他的庐舍施礼？"

魏文侯说："我所拜的虽然是段干木的住宅，但在我的心里，我拜的并不是几间房屋，而是大贤者的名望。段干木隐居穷巷，声驰千里，乃旷世之大贤者也。大贤者光乎德，而寡人光于地；大贤者富于义，而寡人富于财。此乃天壤之别，寡人岂敢遇大贤者而不拜？"

后来，魏文侯终于见到了段干木，欲聘其为相，段干木却守道不仕，但答应帮他筹谋国策，魏文侯自然是喜出望外。每论及国事，魏文侯总是恭敬地站着聆听，他的行为受到了国人的称赞，民间在评论魏文侯时有谣谚曰："吾君好正，干木之敬；吾君好忠，干木之隆。"意思是，因为魏文侯崇尚正道，因此有段干木的受人尊敬；因为魏文侯倡导忠诚，因此有段干木的受人推崇。

魏文侯的至诚尊贤，收到了巨大的社会效应，同时使敌国也感到惧怕。秦国欲攻魏国，朝臣司马唐谏曰："段干木乃大贤者也，而魏礼之，天下莫不闻，毋乃不可加兵乎！"

秦君听后想了想认为有道理，觉得若是攻打一个正气很旺、民气很盛，士气很高的国家，恐怕很难取胜，从而打消了攻魏的念头。

后世人在评述这个历史事件时感叹道："木偃息以藩魏。"说的是只要段干木睡在魏国，对国家就是一种保护。

一天，魏文侯与另一位国师田子方饮酒，席间有两套编钟分左右奏乐助兴。魏文侯忽然侧耳自言自语道："这两套编钟的声律不协，似乎左边的音调高了些？"

田子方听后淡淡一笑。魏文侯问："国师笑什么，莫非我说得不对？"

田子方答曰："臣以为，国君应明于乐官，而不必明于乐音。今国君审于音，臣恐聋于官也。"

此言谙及用人之道，魏文侯点头称是。

魏文侯的儿子魏击也颇敬贤，一次在道上与田子方相遇，魏击连忙下车施礼，而田子方却扬长而去。魏击恼怒，追上去拦住田子方，佯作以请教的口吻问道："国师请留步，魏击有一事不明，特向国师请教。"不等田子方答话，便发问说，"国师你说，是富贵者骄人乎，还是贫贱者骄人乎？"他所说的"骄人"，即傲慢无礼。

田子方从容答道："当然是贫贱者可以骄人耳。富贵者安敢骄人？国君骄人，则失其国；大夫骄人，则失其禄。丧国之君，谁能给其一国？丧禄之臣，谁能施其禄位？而贫贱者就不同了，比如说，我的话你若不愿听，我的行为你若看不惯，我抬起脚就可以走人，我到哪里得不到贫贱呢？"

魏击幡然醒悟，再三施礼以谢指教。

古时汾阳相传为魏土北境，人们景仰三贤，因此，不仅把隐泉山改为子夏山，还在今小南关与楼西街的丁字相交口上，修建了一座下有门洞，上坐楼厅的“式贤阁”。明朝嘉靖年间，式贤阁遭火灾烧毁后，人们又在原址上立一牌坊，额题“三贤故里坊”。

此外，在立于今汾阳师范学校位置明之前的州文庙，以及今山西省汾阳监狱行政区位置的清代府文庙，还有原小南关县学巷的明代县文庙内，都曾建有三贤祠，内塑三贤坐像，中为卜子夏，右为段干木，左为田子方。这几座三贤祠不仅读书人常来拜谒，就是地方官员们，也要在每年的祭孔时，顺便祭祀一番这三位大贤士。

至于说建在乡村的三贤祠，也有若干座。史传城东南方二十里的东官村即有一座，始建于元仁宗延祐六年（1319）。清顺治十八年（1661）重修时，由汾阳城内名士胡庭撰书碑文。据编于民国二十四年（1935）的《汾阳金石类编》，此碑高盈七尺，铭刻千字，文辞优美，书法劲拙，字多古体，篆隶相杂，为当时的汾邑名碑。

一窟淘米泔

◎ 刘瑞祥

汾阳峪道河谷地是一处风景迷人之地，整条沟谷的纵深有二十多里长，两厢是高高的土山梁，梁上扎村寨，沟中流溪水，谷地间满是杨树林，号称“二十里林荫道”。夏天行走其间，听“马刨神泉”流水潺潺，林中鸟鸣不绝于耳，乃是一种心旷神怡的享受。

峪道河谷地的尽头处是白彪岭，岭下涌一股不竭的“马刨神泉”，岭上通头道川的交口村。在快到登顶处的蜿蜒山道之侧，有一座山神庙，离庙不远处的岔口附近有一小窟子水。这窟水满而不溢，舀完又盈；冬不结冰，夏不生虫；一年四季，无穷无尽。令人奇怪的是它的颜色不是透明而是乳白，就像是淘过米的泔水。

这窟水因地处水源奇缺的荒山僻岭，世世代代以来，给上山打柴，行路过往的人提供了许多的滋润。因此，水窟虽小名声却挺大，许多人都知道它的来历。

古时，镇守汾阳西北境黄庐岭、白彪岭的贺鲁将军，有一回单人匹马在白彪岭后的头道川山间巡视。当时正是五月端午节前夕，中午时赤日炎炎，熏风阵阵。将军一会儿在平坦处打马飞奔，一会儿又催马直上陡斜的山坡，待走到交口村时，胯下坐骑渴得连脑袋也耷拉了下来，贺鲁将军走进一户人家去讨水。

交口村在头道川里，按说，两山夹一川，应当有水源。可村中无井，村外无泉，只能靠院里修的水窖在雨季储蓄雨水，再不行就用牲口到塔处去驮运，村人视水如银。村人一直想打井，但多少年来打不成，原因是打不了多深便是石层，怎挖？

村中这家男主人一听贺鲁将军说要饮牲畜，哪里还敢答应，可又觉得客人初次登门，心中很是过意不去，正手足无措时，女主人灵机一动说：“门道间还有一砂锅刚才淘过米的水哩，原打算刷锅用，把那水饮了你的马吧。”

贺鲁将军说行。男主人叫他把砂锅端去饮马，他却把战袍撩起来叫人家倒进去，这家女人站在旁边，不禁掩嘴窃笑这位武人的憨傻模样，心想，世上哪见过用袍子包水？一会儿不漏你两腿才怪哩。

贺鲁将军果真滴水不漏地兜着淘米泔水出来饮战马，结果战马饱饮了一顿还未喝尽，剩下一茶盅。贺鲁将军本想倒掉，可心中又觉不忍，就一手提袍上了战马。走了一程后觉得老这样兜着也不是回事，见山路边上有个小石窟，就下马把袍中的水放了进去……

贺鲁将军的惜水之举被山神爷看在眼里，甚为感动，为给日后巡山的军士们提供一个饮水之处，就把这窟水保护了起来。从此，这里就有了一窟永不枯竭的淘米泔水。据说，即使是数九寒天，这水不仅冻不住，喝了也不会肚子疼，喝完嘴里还有一点回味不尽的软黄米香。

神

神坡梁

◎ 刘瑞祥

汾阳峪道河的源头叫神塘，人们讹传为神头，是古汾州八景之一“马刨神泉”的发祥地。这个小山坳背倚白彪岭，处在群峰的怀抱里，附近的东南方有座高高的山梁叫神坡梁。为什么叫这么个名，得从南垣寨的王家说起。

那时，王家是南垣寨的大户，村中的社首由王家的头面人物担任。这年，村中遭了大旱，周围村里都陆续下了雨，就是南垣寨滴雨未落。这情况一直延至夏收时节，外村里都忙收割哩，可南垣寨连秋庄稼的种子还没播到地里。如果再没雨，就是种回茬的小庄稼也无望了，全村人都心急如焚。

姓王的社首先前曾领人到村子所邻的禹门河谷地尽头，郝家庄石室山上的姑姑洞去求雨，结果不灵验。转而又结队而行，人匹马夫到神头的贺鲁庙里跪拜祈雨。南垣寨在城西十五里，到城北峪道河谷地的神头少说也有四十里，祈雨的人们光着脚走这么远的山路，实在也够辛苦了，可为了表示心诚，即使磨破脚板子也毫无怨言。

王社首已是年近花甲之人，老汉带头跪在贺鲁将军的神像前，想到村中赤土飞扬、寸草难长的旱象，眼中噙着泪珠，对着威武的贺鲁将军神像祷告道：“将军过去跑马涌神泉拯救了三军，造福于生灵。今年我村久旱无雨，农事荒废，将军若能在三日内为南垣寨村普降甘霖，老汉愿把小女许嫁将军为妻。一言既出，决无反悔！”

这话在场的人都听得一清二楚，大伙都纳闷了，老社首怎么这么许献神圣哩？就算你真愿意把女儿嫁给贺鲁将军，可神圣能娶凡人为妻吗？人们都觉得老社首是一时急糊涂了，说了只顾表达诚心，却并不能施行的昏话。

结果，第三天从正午开始，南垣寨村大雨滂沱，两个时辰后泽壤二尺，干裂的土地灌了个饱，湿了个透。村人欢呼雀跃，王社首高兴之余心里突然掠过一丝隐忧，他想起了祈雨时的许愿之言，但他觉得那不过是表示虔诚的话，世间哪有神圣娶妻之事？

大雨过后的第二天，王家十七岁的小女，好端端地突然昏厥倒地，全家人七手八脚赶紧抢救，掐人中的，抠脚心的，用冷水手巾敷额的，高喊快去请郎中来扎针救命的……

王老汉却摆手挥泪道："你们不用救了，我祈雨时已把她许给了神头的贺鲁将军，想必是娶亲来了。"

王家小女死后，王老汉把女儿排排场场地葬在神头贺鲁将军祠对面的一道山梁顶上，那里是贺鲁将军的墓地，梁顶有一座巨大的墓冢。村里的人都知道王社首的女儿是为了乡亲们而去，许多人送葬一直到坟地。出不了村的老婆婆和女人们，个个都哭成了泪人儿。

后来，坟地里长出一株松树，这树越长越威，越长越异，树干矮粗，横枝四窜，树身五六个人才能抱住，而横枝顺着山坡陡然而下，远看如同一枚一枚巨大的翠玉如意，树冠能掩半亩多地。人们皆言那是贺鲁将军为其妻撑荫凉的一把罗伞。

这株奇松历经沧桑，雄冠峰顶，凡来神头的人莫不仰首赞叹，或不辞辛苦登顶观赏。

古时，汾阳地界上因天旱无雨而来贺鲁将军祠求雨的村子很多，以南垣寨村求雨最为灵验，因为这是老丈人家门上的人来了嘛。

神坡梁上的奇松，被人们呼为"将军树"，只可惜此树于 20 世纪 40 年代毁于侵华日军之手。驻附近赵庄村据点的日寇，把奇松用炸药炸倒，用作了烧火劈柴。

金庄大槐树

◎ 刘瑞祥

早年间，汾阳峪道河谷地的金庄村外有一株令人瞠目结舌的大槐树，树身有土窑洞的窑筒子粗，树荫下能坐儿百号人。公元 1958 年，老树被伐，木料用于“大跃进”中荒唐的全民大炼钢铁。

这株老槐究竟长了多少年，谁也说不清楚，俗话说“有千年的树没千年的人”。传说唐朝年间，作《推背图》的李淳风与袁天罡，周游天下时曾来过这里。这二人都是能掐会算、知天知地的能人，《推背图》里预言的都是些后世兴亡变乱的大事。

二人在山路上相偕行走，一路谈兴正浓。一个抬头看了看天上后信口说：“今日天黑要起东风，明日拂晓必然下雨。”

另一个也看了看天色后摇头说：“风倒是有，雨却下不起来。”

两人为此嚷嚷吵吵、争论不休，也不知道究竟是谁比谁能。他们的争论惊动了不远处一个正在掐草的中年农妇，这农妇面带笑意走过来打问他们争论的缘由，二人先后道明了自己的看法。

掐草的女人听完后说道：“你们看，前头有一株大槐树，我现在要往过走，你们谁能算出我心中想要走树的哪一边，我就信服谁的话。”

二位能人心想，你一个女人家，不走树的这边必走树的那边，谅你也长不出翅膀从树梢上飞过去，于是，两人各猜了树的一侧。

结果，掐草的女人却举步若踩云，轻飘飘地从树杈中间穿过，尔后回过头来笑着念道：“袁天纲、李淳风，不如老娘的脚后跟。”

原来，掐草的女人正是神头娘娘庙中的圣母。

三月三，祓灾祈福饮神泉

◎ 张立新

每年三月初三，柳吐绿絮，百草复萌，官员墨客为伴，才子佳人相随，村氓野老携手，或骑或乘，或行或挑，到马跑神泉参加一年一度的上巳节，祓除往岁积除的晦气，祈求来年的幸福平安。三月三，祓灾祈福饮神泉，开怀畅饮马跑神泉水酿的美酒，成为人们最美的享受，更是文人墨客们快意人生的选择。唐玄宗开元年间，进士、补秘书郎卢象，参加了汾州西河马跑神泉上巳节的禊饮，酒酣之际，挥毫题诗《马跑神泉》一首：

将军称贺鲁，遗庙俯灵渊。蔡喷蛟龙穴，波跳赤鲤泉。
路回芹涧水，村近石林烟。野马含暄气，农夫出故廛。
土膏兴耒耜，尸祝傍山巅。阅世无铭石，兹游匪慕天。
顷来规下宇，必葺慕先贤。悦使成能事，抡材出俸钱。
伉香推干蛊，班匠择精专。黝垩何其丽，栾栌本自然。
松青离石道，云白介山田。适叹飞翚速，仍忧黄雀穿。
梨花寒食后，桂籍酒樽前。饥麝寻香柏，流莺助晚弦。
吴歈催玉斝，赵舞落金钿。上巳无过酒，春衣欲试湔。
故园思巩洛，禊饮客汾川。寄语西河老，乡心朝暮悬。

这首歌咏汾阳山、水、酒最早的唐诗名篇，见证着古神泉酒文化的悠远与绵长。

宿古寺，狄青率军归故里

◎ 张立新

宋仁宗庆历八年（1048）八月，在抗击西夏战争中屡立战功的狄青，被擢升为禁军骑兵副都指挥使，权河北真定路副都总管，从陕甘宁前线调防河北抗辽前线。

狄青东渡黄河，回到阔别二十余年的故乡——汾州西河。他率军出向阳金锁关，进入峪道河谷后，在秦晋驿道旁的刘村显庆寺旁安营扎寨。

显庆寺坐落在峪道河谷口，背倚彪山，面向汾川，西望州城，堞楼危耸。神泉水就从身旁欢腾奔流。夏日，两岸绿树浓荫，百鸟啼鸣；村落人家，炊烟袅袅；驿站客店，随处可见酒幡飘摇。

显庆寺兴于大唐，晨钟暮鼓，气势森严，竟日香火缭绕。往来高官巨贾，俱喜欢入寺小憩。

狄青在显庆寺安营扎寨后，亲进州城，牵马步行，入衙署参拜父母官员。尔后，在刘村显庆寺外军帐中大摆宴席，深情款待父老乡亲。

神泉酒美，乡情更浓。酒酣之际，狄青嘱咐随属曰：“好男儿志在四方，何惧马革裹尸还。但树高千丈，叶落终要归根。如有一日为国捐躯，一定要将我送回故乡！”

宋仁宗皇祐四年（1052），狄青英年早逝，宋仁宗赐葬于刘村，茔地一百二十余亩，显庆寺也征为国用，敕名“奉亲显庆寺”。一代英雄，魂归故里。

宋徽宗，赐封贺鲁润济侯

◎ 张立新

宋徽宗时，汾州西河山川秀美，森林葱郁，是朝廷采办木材的重要产地。从白彪岭上采下的修松巨柏，堆积峪道河谷，然后结筏，借助神泉湍急的水流，经文湖，入汾水，汇于黄河，运抵都城开封。

宣和元年（1119）夏五月，天下大旱，川流涸竭。这年，都城开封大兴工程，朝廷诏令不断，严敕敦促催要木材。数以万计的巨木，积滞于汾阳境内，无法起运。

中奉大夫、汾州军知州、劝农使周炜，领郡方逾月，夙夜不安，殚思竭虑，殆非人力可及，决意求助于神灵。询问父老，咸言神泉贺鲁将军，有请必应。

周炜涓日谒神泉古祠，默默祈求，说："神庙血食兹土，有赫厥灵，如能于此时回枯借润，激扬三尺之波，宽解万夫之力，完成朝廷的诏命，一定不会忘记您的恩德！"

话音未儿，乌云蔽空，峪道河谷内白昼如夕。从第二天起，大雨滂沱，一连十数天，峪道河澎湃汹涌，势如千军万马。数万积木，不劳人工艰辛陆运，联筏起漂，随波逐浪，顺利起程。

圆满完成朝廷使命，劝农使周炜不食其言，将此奇事上奏朝廷。宋徽宗赐旨，进封神泉贺鲁水神五等爵，是为润济侯，神泉威名从此益盛。

明代宗，颁诏水神御祭文

◎ 张立新

明景泰二年（1451）四月十一日，峪道河山谷内，旌旗飘扬，车水马龙。经历数场春雨的滋润，草木萌生新绿，山花次第绽放，清新的空气中，飘散着泥土的芳香。

明代宗闵念山西合境大旱无雨，谷用无成，民生无靠，特下罪己诏，向苍天自责德行不厚，虔诚祈求神灵大施仁惠，广布霖雨，大作丰年，护佑大明百姓安康幸福。同时，代宗准巡按监察御史涂谦之奏，遣太常寺寺丞李希安赍香帛祝文，驰至神泉润泽庙御祭贺鲁水神。

山西承宣布政使司左参议祝颢、按刑按察使司佥事黄政同祀。汾州知州李善、同知骆敏、判官马恺，及学正尼缮，汾州守御所正千户王纲等一批官员，以及数十位地方德高望重的耋老陪祭。

代宗诏至，特使未达前，知州李善勤劳国事，忧恤民隐，率属部晨夕致祷。苍天有应，从三月十五日开始，连降甘雨，汾州大地，旱魔远遁，生机焕发。

太常寺寺丞李希安率众官员神泉御祭后，嘉泽随应，远近霑足，吏民胥庆。

祭祀完毕后，宪佥黄政提议：君臣同德，上下一戾，幽明感通，捷如影响，可谓至诚感神，宜勒石载文，以识岁月。

朝列大夫、山西等处承宣布政使司左参议、姑苏人祝颢欣然命笔，为之作记。并作《马跑泉祷雨》一诗，以记其事，其诗赞神泉云：“山川出云雨，润物固其功。兹泉发祥久，备载州乘中。”

明藩王，逍遥神塘醉陶然

◎ 张立新

明永乐十二年（1414），洪武帝朱元璋之孙，朱晋恭王朱棡四子朱济炫、六子朱济烺，就国汾州，开府食邑，是为明藩庆成王、永和王。庆成王设府汾州城东北隅，是为东府；永和王设府汾州城西南隅，是为西府。二王开府汾州凡十一世，历二百三十余年。

明律规定，藩王不得随意出境，峪道河谷山清水秀，成为明藩宗室纵情山水的好去处。其在山谷间，兴建别业，捐修寺观，万柳山庄最著盛名。携妻子，呼友朋，徜徉绿柳浓荫间，听神泉流水潺潺，观彪山云起云落，纵酒吟诗，放浪形骸，数日不归。

马跑神泉，“一鞭红雨十三村，占尽江南好风光”，滋养着汾州数十万生民。自古分十三池水，按岁时轮享。明藩王驻扎汾阳，取其一池，世代传享。春夏二季，两王府引神泉水溉官庄份田，冬接神泉水入州城盈州学两泮。堡城寺郭太尉故庄设酒坊，酿神泉佳酿，清香醉明月，一梦一陶然。

感念神泉润泽之德，两王府捐资助建峪口村贺鲁水神庙，勒石为铭，至今留存。

显庆寺，悠扬钟声传百里

◎ 张立新

刘村显庆寺，大唐始构，背倚青山叠翠，侧傍绿水湾环。北宋皇祐年间，朝廷征用，作为奉守枢密使狄武襄公茔之寺。寺古钟声悠，人杰名远播，显庆寺成为神泉河畔一大胜景。

明隆庆元年（1567）九月，稼禾丰收豚肥畜壮之时，北方荒漠之中的俺答部落，数百里驱驰，如饿虎扑食，直下汾州。铁骑滚滚，黄尘冲天，汾川百里顿陷刀光血海之中，佛国清境也无法幸免，显庆寺寺宇摧残，僧人鸟散，一片荒寂。

万历年间，高僧大千、本空来汾弘道，访古峪道河谷，睹青山绿水，生万千禅意，决意让显庆寺劫后重生。明藩庆成王雍然惠施，初创禅居一所，坐禅讽经。但是历经隆庆大劫，经藏皆焚，借请艰难。大千僧决意给显庆寺募求经藏，千里迢迢，北上京都，不幸汾缘早尽，因病坐化。其徒仁晓继绍师业，苦炼身心，烧臂燃顶，惊动万历皇帝。万历帝钦赐皇家藏经，皇太后密旨敕赐“慈庆寺”匾额。

然经藏匾额无所安处，住持性觉与众檀越，谋修藏经阁。一日庆成王府书办官陈宪暇游古寺，凭吊武襄，见寺荒像残，心下悲伤，与主持相约，助力兴修。随后，庆成王与陈宪各捐百金，宗庶踊跃，各捐世珍，攒零会整，共积斗金，乃重建五楹大殿，东楼西阁，斗拱画梁，飞龙吻集，金碧交辉，俨然如旧。廓空堂宁，壮观汾阳。因果昭彰，人神共喜。

朱翰林，寄情金庄解脱园

◎ 张立新

明国子监司业朱之俊曾归隐峪道河，在神泉河畔金庄村，营建庄园，自命为解脱园。他或乘兴独来，永日不归，在此修道学佛；或与南北前来的鸿儒大士，在园内饮酒赋歌，纵情山水，排解郁积。国运衰微，政亡人息，这一历史巨变，深深刺痛着朱之俊。故乡美丽的青山绿水和神泉佳酿，像母亲的双手，抚慰着他心灵的创伤。

在解脱园内，朱之俊作《对酒》感叹："世上荣枯只弹指，人间兴废似抽梭。劝君缄口莫谈时，兴来一歌酒一巵。古今多少伤心事，醉散春风花下枝。"作诗赞《马跑神泉》曰："曾闻渴暍病行师，亏得追风奋足骐。率尔骄嘶开地眼，果然喷涌出天池。潆洄山麓千林秀，荡漾皋田万顷滋。纪异好题功行水，将军神武至今思。"作诗《彪岭樵歌》曰："家住青山山性宜，腰镰朝出任渠之。行携物外无心侣，响落云中得意时。似和牧童牛背笛，恍吟仙子石头棋。逍遥只在千峰里，今古喧传知是谁。"

崇祯十五年（1642），朱之俊筑盘龙桥，引马跑神泉水注府学、县学泮池，以张汾阳文脉。并请相国韩爌题写盘龙桥坊名，当朝东阁大学士王铎作盘龙桥记。

崔知县，三祷神祠降甘霖

◎ 张立新

崔秉政，字千山，奉天海城举人，清康熙十三年（1674）知汾阳县事。在任四年间，汾郡大旱，民不聊生，为此他三上神泉祷雨，郡内高士，以诗纪其事，并在神泉孔圣祠中勒石传之。

崔千山莅汾之时，正值仲夏，旱魃猖獗，土地龟裂，麦禾百草，干枯垂死。崔千山忧民所急，察纳乡耆建言，携县属 千官员，亲谒神泉祷雨。贺鲁水神，有求辄应，甘霖随降，民瘼得以缓解。府学生员宋谦，康熙十七年（1678）举人，后中进士，任湖南会同县知县。以诗志其事，曰：“风涛殷地发，膏雨随车来。”

康熙十七年（1678）春，汾郡再次亢旱，崔千山三上神泉祷雨，雨随祷至。傅山好友、汾阳隐士胡庭，崔千山、张懋勋等人赋诗纪事。胡庭诗云：“灵湫神所致，奔走六龟酣。惠咏功德八，牟尼玉线三。丹青榱桷好，伏腊岁时堪。今昔旒祈祷，霑霖揽辔甘。”

崔千山感于贺鲁水神的灵应，重兴土木，将神泉贺鲁神祠、孔圣祠等神宇整修一新，并将郡中高士咏神泉诗作勒石其中。崔千山诗云：“天人本一贯，至诚通明神。甘霖应时降，翼翼泛有澂。敢贪造化力，聊以惠吾民。仰追前哲训，庶几窥其真。洗心同忧患，煌煌此贞珉。”

邑人，清顺治年间进士、官兵部车驾司郎中郑之朴作诗，与崔千山唱和。诗曰：“六军何处问梅林，瓦釜空悬石瓮深。倚剑灵渊随骏足，挥戈华日托雄心。坛松入夜旋如沸，社柏经秋待作霖。惟愿银河长洗甲，永垂清景在汾阳。”

天桥磨，林下蛰居冯玉祥

◎ 张立新

冯玉祥，安徽巢县人，国民革命军陆军一级上将。1924 年 10 月 23 日发动“北京政变”，驱逐溥仪出故宫，将其所部改组为国民军，任总司令兼第一军军长。参加北伐，1927 年任国民革命军第二集团军总司令。后因与蒋介石集团发生利害冲突，他与阎锡山举兵反蒋，发动了中原大战。

1931 年春，中原大战失利后，冯玉祥率部退居峪道河。当他得知峪道河的贫苦农民子弟没有地方上学，就自费在水打磨坊内办了一所小学，请两位老师上课，使 70 多名贫民子弟得以免费入学。他用自己多年积存的钱，在峪道河买下 6 亩水田、20 多亩山地，带领家人和随从人员耕收，按季节种上蔬菜和玉米。后来又带领随从人员栽了 200 多株杨树，100 多株苹果树和梨树。1931 年夏，冯的大儿子冯洪国从莫斯科中山大学学成归来，来到峪道河陪他。

冯玉祥在峪道河画了许多画，多以描述民间疾苦为内容，他曾说：“画苦人，画乞丐、画农夫、画工人格格有味”“较绘金粉富贵图，远有价值”。冯玉祥《农民乐》诗真切动人，反映了他在峪道河的生活：

“土窑洞三四间 / 自己纺织自己穿 / 园田十数亩 / 清泉汩汩过其边 / 有鸡有猪羊 / 桑树养蚕还植棉 / 趁晓去种地 / 午后归家读书篇 / 早饭玉米粥 / 晚餐小米饭下咽 / 每餐多蔬菜 / 白菜萝卜多几筵 / 春来田加肥 / 夏日耕锄多几遍……”

在峪道河期间，冯玉祥将其父母安葬于此。至今他的父母双亲还长眠峪道河，日夜聆听着神泉流水的欢唱。

访古建，梁思成与林徽因

◎ 张立新

梁思成、林徽因夫妇出身名门，梁父梁启超是近代思想启蒙的先驱，林父是辛亥革命的元老。新中国成立后梁思成曾参加人民英雄纪念碑设计，是新中国首都城市规划工作的推动者，是新中国国旗、国徽评选委员会的顾问。林徽因是中国第一位女性建筑学家，被胡适誉为中国一代才女。

1934 年夏，应费正清和费慰梅夫妇之邀，梁思成夫妇乘暑假之便，作晋汾之游，来峪道河边避暑。他们有时住在美国恒慕义牧师，日后美国驻华大使恒安石之父建在水泉村的磨坊别墅，有时住在赵庄村北梁上实际寺（俗称“十字寺”）内。实际寺“在城西北二十里狄谷里之北山岩际。楼阁悬构，水竹穿绕，谷中之寺此为最胜”。

梁林夫妇徜徉峪道河谷，访古探幽：风景幽胜的实际寺，享受了千年烟火的神头龙王庙，式样混杂别有趣味的赵庄关帝庙，秀整不俗、堪作山西南部小庙宇代表作品的龙天庙等，在斜阳掩映，夕阳西下时，殷红映照，斑彩醇和，绮丽特甚，静穆神秘，如在画中。两沿溪白杨丛中，点缀土筑平屋小院及磨坊，更显错落可爱。

美丽的神泉风光，令他们流连不已，随着林徽因隽美的文笔，穿越历史的时空，至今流淌不息……

贰 史迹考证

“马跑神泉”史考

泉源保护区大照壁东侧面

◎ 刘瑞祥

“马跑神泉”又名马刨神泉、原公水、壶溪、石鼻溪、神塘（民间讹呼为神头），位于汾阳市区西北方白彪岭（又称白虎岭）下的山峡口之地，离城三十里。此处名为葫芦峪（也写作壶庐峪）。泉水自寒武系石灰岩岩溶地层中涌出，每秒流量为0.35立方米左右，乃峪道河源头。古时，峪道河谷地里林木参天，高峻的杨柳树几乎与两侧的南北山梁齐平，号称“二十里林荫道”，林间的古道通往“三十里桃花洞”的向阳峡秦晋古驿道，常有驼铃传声，商队来往。

这股清澈的泉水，自有史以来便滋润着流域内的田园，养育着沿河而居的生灵，它的泉源处水势喷涌，沿峪道河谷地滔滔不绝，奔腾而下，所经村落除开渠引水浇灌田禾外，闲余之水注于城东十里之文湖。明万历三年（1575）后，地方官泄湖造田致使该水改道，经金庄、水泉、刘村、太平、董寺、古浮图、西陈家庄、西马寨、雷家堡、宣柴堡、义安、康宁堡、安头、北庄、干河、师家庄等村流入汾河。清乾隆三十二年（1767），汾水东徙入平遥县境，文峪河西徙入汾水古道，泉水遂入文峪河。

据东汉《水经》及北魏郦道元《水经注》所载，该泉名为原公水，以韩、赵、魏三家分晋的赵襄子大臣原过而得名。史载战国初期时，晋卿智伯胁迫韩康子、魏桓子进攻赵襄子的都城晋阳，原过从晋南奔晋阳保主，路经汾阳时遇三位仙人密授破敌之法。三位仙人要原过在大

功告成后，为其在赵国境内选风景优美的地方修建百座三神祠，神塘泉源处的三神祠当为百祠之首。

原公水易名为马跑神泉，出于史载民间传说。言北魏时贺鲁（亦作贺虏）将军镇守此地，在一次与戎敌的交战中，战马跑踏而平地涌泉。北宋时，"马跑神泉"被列为汾州八景之一。这个传说的形成，应该与这脉泉水的出水口有关。涌水处是一个呈巨大马蹄形的大坑，直径约一丈，深丈余，泉水从地下冒起时平静无声，一入水渠便水流湍急，空谷传声。

源泉之地俗称葫芦峪，与地形有关，并衍生出吕洞宾种水的民间传说。汾阳西部是山区，大多村落缺水，八洞神仙之一的吕洞宾哀民生之艰辛，与张果老借上毛驴，与铁拐李借上宝葫芦，为西山黎民百姓种水。当他走到白虎岭下时，由于毛驴受到山上虎吼的惊吓而撒腿奔跑，致使吕洞宾怀揣的种水葫芦跌落在地，化为泉源，流出了一条峪道河。

民间传说是人类神奇想象力的生活化、形象化、趣味化的表述。汾阳的祖先们从这脉泉水背倚巍峨的白虎岭，而流出的峪道河又处在绵延的北梁、南梁两道黄土山梁之间，从而幻化出了水母娘娘一屁股坐在地上，大伸开两条腿，阻挡一股危害人间大洪水的壮烈传说。

这三个具有典型意义的民间传说，成为这股泉水所孕育出的一笔十分宝贵的非物质文化遗产，由此还派生出了若干关于贺鲁将军、水母娘娘、吕洞宾其他内容的传说。

源泉处最早的庙祠当为战国时三神祠。唐代已有贺鲁将军庙，庙内立卢象诗碑，诗为五言十八韵并有序文，文中有"至此见遗庙岿然"句，碑末署"通直郎行隰"，隰为汾阳晋

至唐初的旧称隰城县。旧志书还载有唐代田肇题贺鲁将军词一首，五言十八韵。

宋徽宗崇宁五年（1106）七月，将贺鲁祠诏赐“永泽庙”，对原祠“明宫斋庐，髹彤华构，仑奂而翚飞矣”。事后由“知西河县事汪舜昭立石”。宣和元年（1119），地方官莅永泽庙祷雨得霈，上表请封，朝廷下旨封贺鲁将军为润济侯，进五等爵，此庙遂有润济侯庙别称，贺鲁被尊为水神。

明代仍以永泽庙名之。景泰二年（1451）三月，帝遣太常寺丞李希安致祭于该庙，知州李善立“御祭永泽庙文”碑。

民国二十六年（1937）前，马跑神泉泉源处已建成一处宏伟壮观的庙群，庙区筑有围墙，上有瓦檐，壁间每隔一段开有六角形窗户，山门上挂有“神塘古庙”的匾额。庙院坐西朝东，由前到后分别建有乐楼、贺鲁将军祠、水母娘娘殿，其后为二层阁楼。阁楼下为窑洞供道士居住，上面的三间分别为佛家阁、孔子阁、吕祖阁（也有佛家楼、圣人楼、老君楼之谓），奉祀儒、佛、道三教之神像。

泉源水自六角井亭下巨大的马蹄形坑中涌出后，经娘娘殿之下流过，进入将军祠之东的大水池内，此池号为鱼池却无鱼，而后顺着石砌水渠流入峪道河谷地。

“神塘古庙”大院内，庙祠肃然，环境幽雅，前院有一株两人合抱的松树，后院有一株参天古柏，庙院内还有诸多桃梨果树，地上修有不少花池。院内鸟语花香，风清气爽，晨钟暮鼓，香火旺盛，庙中有若干道士守护。

1934 年，时任汾阳县学者型知事王堉昌，来神塘古庙拜谒后，书“壶庐峪原水源”六个隶体大字，随后请石匠刻在庙后的摩崖石壁上。

1942年，侵华日军驻汾部队出动数百人，进白虎岭后的三道川山区扫荡，路经神头古庙时枪杀了庙中的8位道士，并放火焚烧了庙内的全部30多间建筑，使千百年所凝聚的文化结晶毁于一旦。日夜流淌的马跑神泉水向世人永远控诉着侵华日军的这一残暴罪行。

在漫长的历史进程中，神塘大庙不仅是旱年时地方官员以及诸多村落祈雨的圣地，其中的娘娘庙还是妇女们求子的地方，而佛家阁、孔子阁、吕祖阁，则是文人墨客、善男信女们常来拜谒游历的优雅之地。

由于贺鲁将军祠与娘娘庙在社会上占有极重要的位置，为祈拜供奉方便，民间善士于汾阳城西北十里的峪口村盖了一座贺鲁庙。据原庙门东侧雄狮底座所刻“大德十一年(1307)岁次丁未己酉癸巳朔初三日记”所示，此庙初建于元成宗年间。后来娘娘庙以配殿位置修建于东侧，然由于娘娘殿里常是香火缭绕，前来求子求福佑的妇女很多，年长日久，贺鲁庙竟被民间转呼为娘娘庙。

该庙区占地五六亩，其间还有关帝庙、牛王殿、吕祖阁、乐楼、钟鼓楼等建筑。最令人向往的是庙后园林之地，名为峪园，内有一株奇松，针叶呈深蓝色，人称“蓝松”。松下置一

精美的石棋盘小桌，明清之际，该园主人朱之俊曾与好友傅山在松下弈棋品茗。园内百花争艳，草木天成，朱之俊常在此著文吟诗，并留下诗文集《峪园诗草》一卷。清康熙年间，园主易为汾阳小南关举人赵日昌。

汾阳城内鼓楼北街与卫巷东口南端相连接的道西，也建有一座贺鲁庙，始建年代无考。据说庙门侧的嵌石上有“元祐”字样，若如此，该庙当建于宋哲宗时期，庙中曾有明朝洪熙间重修碑一通。

马跑神泉水是汾阳最恒久的水利资源，从很古的时候便引入渠道浇灌万亩良田。泉水分为十份，三份入城，七份给董寺里、太平里、罗城里、黑浮里、郝洪里、池定里、城子里所属十村。宋代以前入城之水供护城河、文庙泮池、州衙后花园补水。明代庆成郡王府、永和郡王府的花园鱼池也用这股水。其入城渠道经赵庄、白草坡、圪垛、堡城寺、冯家庄、盘龙桥上、西关（入暗道），由汾阳城西门坡底水分两股。一股由南巷入西府街，先入永和王府，再入州文庙（明万历二十三年后为府文庙，清代为县文庙，在今汾阳师范所在地）。另一股沿鼓楼西街、鼓楼东街拐入太和桥街，入庆成王府（元代以前为州衙门）。从明初开始，设在今堡城寺村（明初叫荣村，后改为补成寺村）的庆成王府庄园，利用流经的马跑神泉水酿造庆成王府酒，并成为进贡朝廷的上品清香型御酒。

到民国年间，泉水灌田以“十二池水”名之，外加一份城社水。浇水从每年正月初一算起：初一为城社水，初二为池定水（水泉村莲花寺至梁家沟马鸣寺），初三为刘村水，初四为前庄化水，初五为后庄化水，初六为太平村水，初七为董寺村水，初八为古浮图（黑浮里）水，初九为罗城镇水，初十为金井村水，十一为赵家街水，十二为韩家村（宏寺村）水。

泉源保护区大照壁西侧面

河总会设于峪口村娘娘庙内，供水以燃香计时，13 天为一轮回，每一昼夜以点燃一丈八尺粗香为一池水的灌溉时间。

由马跑神泉流出的峪道河水，在二十里的谷地里，还形成了百盘水磨的壮观景象。据清光绪《汾阳县志》载，水打磨兴于清咸丰年间，鼎盛时期，一年四季沟谷间日夜回荡着磨坊里罗床发出的有节奏的欢快声响。1938 年年初日军占领汾阳后，在扫荡中将许多磨坊烧毁。新中国成立初期，磨坊有 30 盘左右，直至 20 世纪 80 年代中期，设在赵庄、水泉村地界里的两盘水磨从人们的视线里消失。

因马跑神泉而受到人们向往的峪道河谷地，古时，每年的四月初八至十一，还有九月二十七至三十为庙会日。在峪口村形成了极有名望的庙会，也称“娘娘庙会”。春秋两季的会日，人山人海，万头攒动，娘娘庙里香火旺盛，长达四里的市场里，依序有骡马市、猪羊市、雀鸟市、农具市、粮食市、食品市、小吃市、估衣市、百货市、蔬菜市、瓜果市、书籍市、杂物市等。斯时，不仅有戏班助兴，还有许多跑马卖解、耍猴卖唱、踢拳弄武、测字算命等行当的人也活跃其间。集会上每日的人流量达 5 万人以上，成为晋中平川和吕梁山区人神共济的盛大繁华庙会。在庙会上走累了的人们，大多会来到河滩里，用马跑神泉水洗把脸，或是喝几口“爬爬水”，一边坐在溪畔休息，一边观赏溪水的流淌，耳听潺潺的水声，享受大自然带来的安恬与快乐。

马跑神泉圣地，很古以来便成为文人墨客趋之若鹜之处，历朝历代留下了许多吟诵之作。更有甚者，在河谷里选址修建园林建筑供夏日避暑居住。明代时，汾阳文化名人朱之俊之父即在此构筑园圃，朱之俊致仕退隐后，在旧园中大加修葺，历时三载，易名“解脱

泉源保护区大铁钟

园”，人在尘中，心驰世外，不再为功名所累。据史料载，分布在峪道河谷地的园圃还有“西园”“六兼园”“陶泻园”“宜秋书舍”“涯清园”等。

清末至民国初，汾阳城内教会的神职人员，也多在这里创建了小别墅休闲避暑，军阀高桂滋在水泉村建有楼房一座。1924 年，大建筑学家梁思成携才女妻子林徽因沿河谷地谒访古建，夫妻二人写下了多篇考证文章与优美的散文。1930 年初冬“中原大战”后，下野的冯玉祥将军曾在这里韬光养晦寓居一年多，多次与共产党代表接触，谋求抗日救国大计。

新中国成立后，水权归人民所有。汾阳县人民政府废除了过去的管水方法，成立了“峪道河水利工程委员会”，后改为“峪道河灌区管理委员会”，1986 年易名“峪道河水利管理站”。该站当时有效灌溉面积达 4 万余亩，其中循环水 2 万余亩，一水地 2 万亩，还配套了大量的渠、闸等水利设施。1981 年前，泉源处裸露荒野。1982 年开始修筑了保护性水渠、大水池、月门桥。1983 年修 3 孔涵洞、双拱桥、八角亭。1985 年圈起保护区围墙 500 米。1987 年建圣母庙，塑圣母像，筑楼阁、水亭等。1988 年建大照壁，上书“马跑神泉”四个大字。1988 年“8·6”特大暴雨洪灾中，保护区被乱石淤埋，泉水从一百多米处的淤层下流了出来，灾后清淤八千立方米，一年间恢复了昔日的风采。1995 年年底，为解决城市供水紧张的问题，马跑神泉水通过 18 公里的管道入城，余水供保护区之下的虹鳟鱼厂使用，余水沿峪道河谷地向东泻去。

2011 年，峪道河水管站在泉源保护区下方的开阔地上修建了一处景区，占地约六七亩，建有钟鼓二楼，主要建筑为一座七楹厅堂。檐下斗拱，上覆黄琉璃筒瓦，院心以山石垒筑一个大水池堰，汉白玉石雕出的水母娘娘端坐于山石之上，溪水自身下流出。厅堂后筑有一碑廊，竖古碑与新碑十通。整个马跑神泉源头保护区内，溪水潺潺，林木茂盛，亭台殿宇掩隐期间，翠鸟鸣啭翩翩亮翅，乃为世外桃源、人间胜景，是一处消暑游历的极好去处。

峪口村娘娘庙区于 1957 年设峪道河镇初级中学，庙殿均被改造，塑像移走，乐楼等亦被拆毁。1993 年学校迁出，庙区荒废。2006 年，峪口村党支部、村委会修葺该庙，殿宇一新，神像重塑，耗资一百九十万元。如今，该庙被列为山西省重点文物保护单位。

源远流长的马跑神泉，自古以来不仅滋润了汾阳的田野，也滋养了汾州的酒文化。位于堡城寺村地域内的山西神泉酒业有限公司，成为神泉文化的省级“非遗”传承保护单位。马跑神泉既是一处风景区，也是汾阳市文物保护之地，更是汾阳人终生牵系的故乡情结。

马跑神泉新景区

【附录①】

清康熙《汾阳县志》载“马跑泉”“润济侯庙”

马跑泉

本原公水，源出白彪山麓，号壶溪，通名葫芦谷。相传，后魏贺鲁将军驻师此山，马跑地得泉，故名其水。循山南注，至谷口转折而东，历城东北数十村，灌田万余亩。东南与文湖合，雨泽丰澍则涨流，至东施庄入于汾，以故东方多沃壤焉。

润济侯庙

一在白彪山麓马跑泉上。唐为贺鲁将军祠。宋崇宁间，榜为永泽庙。宣和元年①，封润济侯，明万历十二年②，知州白夏修理。清康熙十五年③，知县崔秉政重修。一在府城鼓楼北街西，明洪熙年修。

①宣和元年：公元1119年。 ②万历十二年：公元1584年。
③康熙十五年：公元1676年。

马跑神泉新景区碑廊

【附录②】

汾州西河县永泽庙记

距城西北三十里曰白彪山，山之旁有泉出焉，瀺灂清流，喷涌至沓。有庙翼然临于泉上者，贺虏将军祠也。岁时祷祈，若响若答。前此长吏欲丐封爵于朝，而踌躇莫克有请。摧垣庳屋，岁坏月隳，上雨旁风，不称明灵。崇宁乙酉①，今秘阁许公自陕部来守此邦。越明年春，三月不雨，祷于祠下，岫云结阴，甘雨随至，秀偃植槁，济登丰年。公叹曰："异哉！夫山川之神，□出云雨，救一方之旱于俄顷之间，克庥于人，千里蒙福，宜有褒封用，焜耀兹土，俾万世承□不怠。"乃侈神之功，抗章来上。天子嘉其灵德，秋七月乙巳，诏赐永泽庙。于是书而揭之，稚老竦观，远近奔走，咸愿新祠宇。而西河宰汪舜昭，因民之请，凡前日栾栌榱桷之挠折者，尘蒙蛛丝之黯闇者，赤白之漫漶不鲜者，今则明宫斋芦，髹彤华构，输奂而翚飞矣。且公以一言，上则信乎朝廷，而宠神以美名；下则民所取信，不待劝率，而新其庙貌，是一举而两得也。谨按《图经》：将军讳原，为后魏将，师行过此，马跑地出泉。而灵源灌溉，功利及物。自魏距今，寥寥更数百年，而褒荣之礼始加焉，盖事有待人而兴者。惟公以忠信，岂弟拊循斯民，疽抉其根，莆去其莠，小大斩斩，事无留刃。又得贤别乘，以为之佐，故其相与为治之意至诚，恻怛通于神明，用能易沴为和，剔荒为穰，而将军之明灵，自此益显矣。虽然，旌封之典着在申令日者，太常礼官谓"宜先锡庙额"，固自有次第也。惟徽名之建，实自公始，炜炜煌煌，昭示无极。而爵号则犹有待，然公指日去此，而为金马承明之游，盖将有来者焉，继公以请也。登既载其巅末，故又以所望乎后者，并镵于石而立诸其庑。

崇宁五年②九月初六日

从事郎、权州学教授倪登记

将仕郎、司法参军吴以书

从事郎、知西河县事汪舜昭立石

朝奉郎、通判军州事、飞骑尉、赐绯鱼袋张谔

朝请大夫、直秘阁知军州事、骑都尉、赐紫金鱼袋许天启

① 崇宁乙酉：公元1105年。 ② 崇宁五年：公元1106年。

【附录③】

润济侯庙记

中奉大夫、知汾州军州、管勾神霄玉清宫、万寿宫管勾学事兼管内劝农使兼点检牧马事、赐紫金鱼袋周炜撰

宣和元年*夏五月，今提举秘阁、开封李公始领河东水事，会天久旱。川流涸竭，而修楠巨梓，积于汾之境内者，不啻数万计。是时，朝廷有大营造，诏令络绎。公夙夜敦促，惧不时进。而炜领郡才逾月，承命靡安，殚思竭虑，殆非人力可及。乃询父老，求神之有功于民者，将祷之。咸言距州三十里，有祠曰贺虏，将军在后魏，尝屯兵山下，水远士渴，马跑地出泉，令疏其流，溉田数千顷，岁时亢旱，有请必验。炜乃涓日指祠，默与神约，且曰："惟神庙食兹土，有赫厥灵，能于此时回枯借润，激三尺之波，宽万夫之力，吏得逭责，敢忘神休？"史奉祝读未讫，有云蔽空来，庭庑变夕。翌日大雨，绵延浃旬，一川澎湃，汹汹然若拥千军万马如昔时。于是，圆若楹者，方若梠者，曹杂而相依；若橑者，乔杰而特出；若栋与梁者，结桴联筏，首尾相衔。属邑晏然，不劳而办。郡以状言，公异其事，抗章请封，以为神宠。有旨进五等爵，是为"润济"。润济之命，实自公启。初祠无额，崇宁间，郡将许侯上神之功，朝廷始以"永泽"榜其庙。时有纪其事曰："微名之建，炜炜煌煌，当有来者，继今以请。"后十年乃有是封，是岂无待而然邪？郡人素向神，平时祭赛惟恐后，闻公为请乐之，远近出金帛，以佐完缮者日相踵。由是，神宇加新，威灵益炽，汾再岁大稔，神有力焉。炜尝谓：神依人而行，而人亦赖神以济，二者常相须，亦各从其类也。是以聪明鲠亮之神，必忠孝端庄之是听。故曰："靖共尔位，好是正直，神之听之，式谷以女。"又曰："靖共尔位，好是正直，神之听之，介尔景福。"公以靖共饬身，以正直将使事，乘轺揽辔，不惮寒暑，而蔼然忠孝端庄，誉孚于上下，是宜神之听之，其效如此。故一岁之间华资盍进，乃知天子式谷，而神介之福，公有以取之也。炜以守臣，备详灵贶，且庆公能发扬隐德，以闻于朝。乃为序其本末，刊置庙左。

*宣和元年：公元1119年

【附录④】

御祭永泽庙碑文（原碑文）

山西，古冀州之域，实唐虞畿甸，在国朝则为北门要藩也。然其地偏莭晚，种艺之人恒薄，而或天时不齐，人力有梗，则与不毛之地等。故其民往往易于转徙而难于安辑。比者年不顺成流亡相继，镇守大臣以藩臬官属，昼夜经划以图康济，而巡按监察御史徐公谦则以为，自古勤民事而势力有所弗逮者，必资于神。而神之所以获享厥祀者，正以其能捍灾御患而功及民物也。今兹灾患，弗资神化其克弭乎？乃密封驰奏，上命礼部稽考祀典，凡山西境内应祀神祇，开具名位，驰遣太常寺寺丞臣李希安，赍香帛祝文驰至，会同藩臬二司堂上官各一员，俾告祀焉。先是太常公未至，守臣率属晨夕致祷，乃三月甲寅洎丙辰，连降甘雨。及公既至将事，嘉泽随应，远近沾足，吏民胥庆，爰稽祝文则甲寅，实上降香遣官之日也。夫勤劳国事，忧恤民隐，君臣同德，上下一诚，幽明感通捷如影响，有弗彰彰矣乎！《书》曰："至诚感神"，《礼》曰："祭则受福"，斯之谓也矣。四月己卯，润济祠事告毕，有司具石请镌祝文，以示永久。宪佥黄公曰："是谓盛典，不可无载"。于是谨誊祝文，命工镌勒，覆述其概俾刻诸阴，用以识岁月云。

明景泰二年*辛未四月十一日

（碑阴）

惟景泰二年岁次辛未三月庚子朔十五日甲寅，皇帝谨遣太常寺寺丞李希安致祭于白彪山马跑泉之神曰：兹者山西民困极矣，加以久旱，谷用无成，民生罔赖，此诚予之不德所召，惟神至仁独不动闵念乎？况素以庇民得祠者，尤当不可缓也。尚望广布霖雨，大作丰年，非独予免夙夜忧惶，惟神亦可隆始终惠誉，特摅虔恳，专俟感孚，谨告。

同祀官：山西承宣布政使司左参议祝颢，提刑按察使司佥事黄政。

陪祭官：汾州知州李善，同知骆敏、夏寅，判官马恺，赵荣，学正尼缮，训导李珍、洪让，汾州守御千户所正千户王纲，副千户谢安，百户沈铎、薛庠、杨威。

合属官：吏目王勉，课税局大使辛得，汾州仓大使马良、张友仓，副使孙文，汾阳驿驿丞程浩，阴阳学典术崔茂，医学典科何清，又有礼房司典随班老人等不具录。

汾州知州李善立石

＊景泰二年：公元1451年。

【附录⑤】

汾州新浚诸泉图记（原碑文）

万历辛卯①春，余不佞，奉天子命分藩抡汾，寔文学子夏讲授之所。甫至，辄庚泮视诸生徒，陈礼容，说经义，则雍雍如也，秩秩如也。已而阅其博士家言，则又洋洋洒洒如也。盖有文学之传焉，猗欤盛矣！乃二三先达后，间稍稍不振，傥风气则然欤？及奉宇檄，戒严城守，而豪无涔蹄之水。夫水关形胜，尤萃风气，以汾之沃壤奥区，不有深池，即城高百雉，安所称形胜哉？适检郡乘，见州治西三十里，有贺虏将军马跑泉，由壕入泮，可三之一。岁久而堙，守兹土者每议浚之，以流入渗沙，费不赀而止。

余谓阖庐之川，郑国之渠，讵曰天造地设，亦人所为也。此必有兼并之家，故尔阻挠者，爰就质抡司徒王公②。公然余言，且谓马跑外若上林、若向阳西北诸泉，皆可凿而引之。因出《永丰渠记》示余。虽渠止雨集潢汙之水，清泉不为民用，然亦见水道之可通矣。寻委判官刘杞，指挥齐纲疏逐水道。而庆成、永和二殿下，与司徒公各捐谷三十石，以助工费。既而州守刘君衍畴至，又凿是泉而甃焉，未浃旬，泉遂涌达。惟是上林、向阳之议，犹有唯唯否否者。讵知水之流也，无地无之，古有刺山而泉飞，拜井而泉至者，具载往籍，夫可考镜者乎？顾槛泉正出，泛泉仄出，独沃泉悬出耳。乃檄刘守董其役，而以同知杨嘉庆，及齐指挥佐之。竟不扰夫征，不縻帑藏。未数旬，而西北诸泉俱与马跑合，达城濠，绕泮宫矣。濠故低，昂水一泻不可聚，仍筑坝几五，以障其流。坝成汇为巨浸，抡是高城深池，拟金汤焉，而支流足溉民田数千亩，岁且有秋。无何，张生世兰，刘生敬容，以秋捷报，汾人士翕然，以为风气之验，盖时与事会云。

事既竣，士子谓余宜纪厥成。余惟水之为用大矣，昔孔子观东海之水，以无为似德，循理似义，洸洸不漏似道，赴千仞之谷不惧似勇，其万折也必东似志。而子舆氏又曰："必观其澜"，旨哉深乎，诚有味乎，其言之也。乃今汇诸泉流，环抡半壁，寧冀汾士以文学捷科目已也，绎孔孟取水之意，当有进于是。第令汾人士澄心定志，探源放海，则道德勇义，涣为至文，将居则圣涯涵泳，出则皇猷润泽，允为国家增胜矣，奚翅汾一方哉。

是役也，经始抡三月，告成抡八月。非二殿下不能成余志，非司徒公不能启余蒙，非州卫诸执事，亦不能赞余所不逮。噫，嘻乎！固王侯士大夫，诸执事之力也！若夫循故道而益浚之，无为兼并者所夺，则竣后之君子，因勒图抡石而系之，以辞曰：

彪介之间，有泌其泉。如醴如酿，混混源源。静拂云根，潜分石液，既菑既疏，霈为膏泽。其泽伊何？溉彼东皋，濠益而深，城增而高。源远流长，载清载洌。环我黉宫，地灵人杰。言观其澜，盈科潺湲，谂尔多士，戒止学山。

旹万历二十年③岁次壬辰三月上浣之吉。

钦差协理粮储山西等处，承宣布政使司分守冀南道分守左参政，同安玉吾林一材撰。

山西汾州知州、洛阳刘衍畴，同知孟津杨嘉庆，吏目太康刘汝大，儒学署正举人上党贾泾澍，训导猗氏荆来庭，安邑曲应鹏同立石。

① 万历辛卯：万历十九年，公元1591年。

② 司徒王公：汾阳人，曾任南京都察院右副都御使。

③万历二十年：公元1592年。

【附录⑥】

马跑神泉流水碑记（原碑文）

盖闻马跑泉者,乃大金贺虏将军遗迹也。将军屯兵于白彪山下,三日缺水,军士怀渴将军仰告于天,不时神泉涌出,三军获饮。逮其兵退,乡人感德怀恩,山下建祠,题匾曰:贺虏神庙。每岁四月八日,向庙献祭,乡人约曰:泉水分为十分,三分入城,七分给董寺里、太平里、罗城里、黑浮里、郝洪里、池定里、城子里,七里十村。每分分水一日,十日一回,寅时而开,寅时而塞,周而复始,罔敢乱也。迨我太祖高皇帝龙飞已来,册封庆成、永和二府于汾州,敕建祖寝于郝洪、罗城二里。寝因傍泉,行文抚按衙门,扎行汾州,亦分水二日。复有旧分十分,又增二府,以十二日为一周也。及今二百年来,照例浇溉未敢紊乱。近因玩法刁民,地因近泉,新开河渠任意浇溉,不遵原额日期使用,下民不得均沾恩泽,良可慨也!今者庆成王府辅国中尉知僎,寄庄郝洪里,亦有买到水分,见得不守旧规,于是建言民情,告赴分守河东带管,分守冀南道批付本州岛。今蒙郡守张公严审,十村渠长各里具结,棍徒紊乱水例实该阻止。斯念十村渠长依前使用,再有棍徒倚强独霸水例者,许直日渠长本里地方,拿获送州依律问罪。法虽立于一时,但恐年深日久,奸恶复生,其弊不可胜言也。是故勒碑铭石,为万世之规,是以为计。

万历四年*孟八月吉 日建立

知僎、知□、知椟

*万历四年:公元1576年。

【附录⑦】

修复马跑泉入城渠道记（原碑文）

汾晋多山而少水，其崇冈突阜，土燥石坚，间有平旷，操杂砂碛。非如东南泽国，水泉疏衍，畎澮纵横，可尽灌输之利。至建城郭处，有雉堞之雄，而少深沟之固，此其地脉土性伊古而然。然有山必有泉场与清淑之气，郁积磅礴，溢为神瀵，池为灵液。天固将以利斯民，而因利而利，则在乎守土者之断，而弗惑与司事之勤，而罔懈夫利苟可垂久远。虽莫为之前，犹不难创始，况明明有前事之师，一经修复，事半功倍，亦何疑何惮而不为也。府治西北有马跑神泉，前明正统时，奏准疏引。万历十九年观察王公重加疏浚，更引向阳、上林诸泉合流助势，三分其一注城堑，汇于泮池，余则留溉民田，俾无缺水，此官民渠之所由分也。迨后废不治，以致堰崩槽坏，渠道渐淤，盖水之不入城者，百有余年矣。夫水泉之疏通，犹人生之血脉，周贯其宣泄之，则舒龢而谐畅。而壅塞之，则郁塞而闭滞。近日汾之士民少龢乐之气，盖亦由此。余履任以来，城垣坛庙节次兴修，而尤加意于泽官造士，书院育才之地。因念渠之兴废，士风民气攸关，慨然复古百余年隳坏不振之举，一旦思奋于力殚财匮之时，诚亦知其难也。然守土者于兴利除弊之事，不为其难，孰为其易。爰检阅志乘，收剔碑记。适里民赵永康等具词，一再呈请县令陈君与余同志，而县尉虞君素能事，饬委经理其分水处，所有石闸可据，入城故道有踪迹可稽。间有坡涧高下，势唯顺流，相度地形，改浚渠路，募夫分段修筑，城关内外，一律疏通。俱官予其直，无丝毫泒果。经始于仲春，竣工于八月，既望时际，霜降水落，而飞泉喷涌，奔趋之十余里，蜿蜒屈曲，历城堙，达阛阓，潴黉宫。汾之父老咸鼓舞欣忭，以为数十百季未有斯沾濡洒濯之乐也。亦可知是举之顺民情，因地利，而非漫为兴作。已渠既成，为设渠长酌善后经费，并绘画于碑阴，俾后来者踵而增修，庶可垂千百年之久，而弗叹兴废之靡常也。《易》曰："兑为泽泽以说物。"又曰："巽为风，属木，而与离火相欢，木火通明得巽风而发。"今渠道由西北兑位，而趋东南收聚巽气，名曰通巽渠。异时兴贤奇才，文明丕焕，所获有倍于禾麻黍稷之盛，而非直为日用饮食之需者，区区之心，有厚望焉。

清乾隆四十二年*八月汾州府知府钱唐雷汪度撰

*乾隆四十二年：公元1777年。

【附录⑧】

重修神泉碑志（原碑文）

马跑神泉位于汾阳城西北三十五华里白彪岭下，海拔一千一百米，风姿绰约，颇具神韵，为古汾阳八景之一。神泉由来已久，相传魏代贺鲁将军率兵西征，途经杏花村，人饮汾酒，马食酒糟，后行至壶芦峪，酒性发作，人马皆醉，口干舌燥，但近处无水，将军策马率士卒直奔古河道，抢占峪口，围歼敌人。忽然马失前蹄，陷入泥坑，只见红鬃马头一低，腰一弓，一声长鸣，马蹄拔处哗地一声清泉涌出，将士畅饮，精神大振。群众为祈祷泉水永注在水源神头，建庙酬谢神恩。大庙山门上书写“神头古庙”四字，庙堂宏伟壮丽，幽致雅观，内有贺鲁将军祠及水母娘娘殿。殿宇精雕细刻，神像栩栩如生，且建有神泉水亭，亭内井口大块板石留有马蹄印迹，神泉泉水穿洞入池，景色尤为别致。可惜这块风景宝地，于一九四二年被日军搜山返城路经神头枪杀八名道士，神头古庙变为废墟。新中国诞生后，古老的神泉如枯木逢春，一九八〇年后，在县委、县政府的重视下，省、地水利部门的大力支持，峪道河灌区积极主办，以保护泉源为主，兴建水利与恢复古迹并举。十多年来，投入泉域建设资金约六十万元，修缮建成多项工程，如浮挖壶芦峪，扩大原水源。步入神泉洞，观望出水清。正坐水母殿，娘娘居正中。殿下碧画室，空心柱一根。身留传音孔，静听潺潺声。登上彪岭山，新建樵歌亭。下有名人言，书写壶芦峪，确是原水源。殿前六角亭，玲珑颇雅致。正有迎阳台，塑有贺鲁像。泉汇清溪池，水静雅如湖。溢出月门桥，潺声水陶陶。宽直输水渠，流穿三孔桥。桥上建照壁，马跑神泉刻。八角双门桥，典缀观新潮。观赏马跑泉，饮水思水源。池中名贵鱼，招来八方客。古色分水亭，双层锦绣楼。松柏满山坡，垂柳拂河岸。山花香四溢，莺歌燕语喧。泉水泽汾州，造就米粮川。神泉修复地，古今天下扬。来晋喝汾酒，神头必旅游。难忘八八年，八月六日晚。百年不遇水，胜地变河滩。路渠全冲毁，损失七十万。领导亲查灾，灌区苦奋战。苦战三年久，旧貌变新颜。

汾阳县峪道河灌区主任王鉴俭主办

汾阳县水利局副局长、工程师李寿山设计

吕梁地区水利水保局管理科科长张国树撰文

一九九六年十月谨立

【附录⑨】

峪道河谷地古景篆刻

◎ 刘瑞祥

马跑神泉

彪岭樵歌

四月庙会

百盘水磨

庆成王府酒

◎ 刘瑞祥

明洪武三年(1370)四月,明太祖朱元璋封皇三子朱棡为晋王。太祖生二十六子,山西开三藩,晋王朱棡开府太原,十三子代王朱桂开府大同,二十一子沈王朱模开藩潞州(今长治市)。

晋工朱棡生七子,卒丁洪武三十一年(1398)。此前其四子朱济炫敕封庆成郡王,六子朱济烺敕封永和郡王。建文帝元年(1399),明太祖四子燕王朱棣发动"靖难之役",于四年六月攻破南京即位,是为明成祖。永乐十二年(1414)八月十二日,皇帝敕令二侄于汾州开府。

庆成王府邸建在今汾阳市太和桥街北端的山西省汾阳监狱办公区所在的位置。这里在明代以前为汾州衙署,庆成王将州署迁于鼓楼东街北侧的课税局,即新中国成立后县政府所在地。永和王府遂当时的军事机构汾州守御千户所,建在西府街中段南侧的原县外贸公司内。清朝定鼎后,将庆成王府改建为汾州府文庙,所在东府街易名府学街。永和王府因遭李自成大顺军兵燹而焚为废墟。

显赫的庆成郡王府在汾州城内作威作福了二百三十年之久,王府拥有大量的田地。据《明史·食货志》载:"洪武五年(1372)定诸王宗人禄米。……郡王诸子年十五,年禄米二十石,人赐田六十顷,为永业。"一顷为一百亩,六十顷即六千亩。

庆成王府的食邑田在今堡城寺、宏寺、刘村、肃静、庄化、田村一带。这里土地肥沃,可引马跑神泉水及禹门河水溉田,又因地势高埠,免遭水淹之患,可谓旱涝保收,年年五谷丰登。这一带的田地于唐朝时曾是汾阳郡王郭子仪的敕赐饷田,其时管理这些田产的机构设在今堡城寺村。

第一代庆成工选中了这块肥美的地域后,在今堡城寺村设庆成王府庄园。据堡城寺村人世代流传云，该村古时曾称为郭太尉庄、荣村。以此推测，郭太尉庄是以郭子仪的爵位命名，荣村当为唐代以后的称呼。而堡城寺村按汾阳清初的县志载为“补城寺”。据考，今堡城寺村村西有一处名为“寺圪台”的地方，人们传说这里曾有一座寺庙。关于村名的演变，笔者以为，明初时该村可能为荣村，庆成王府在其地建庄园后，同时还建了一座壮观的寺庙，称为“补成寺”，以祈佛祖护佑其裔系，或者说“补成寺”即为其家庙。庆成王为显示皇室威名，随后改荣村为补成寺村名。

“补成寺”这座寺庙之所以未能保留下来，极有可能是毁于明末李自成破汾州府后，大肆杀戮朱氏皇族所致，永和王府即在大顺军的一把大火中化为废墟。清朝定鼎后，地方官可能觉得“补成寺”这个村名，留有明显的前朝色彩，遂改为保城寺村，后传为堡城寺村。

明代时，该村荣耀之极，大片的封地出租给农户耕种，夏秋两季由庄园收取租银。庄园内还开有酒坊，采用古汾州传统的杏花村老白汾酒酿造工艺，汲取清冽甘甜的马跑神泉水，聘请名师

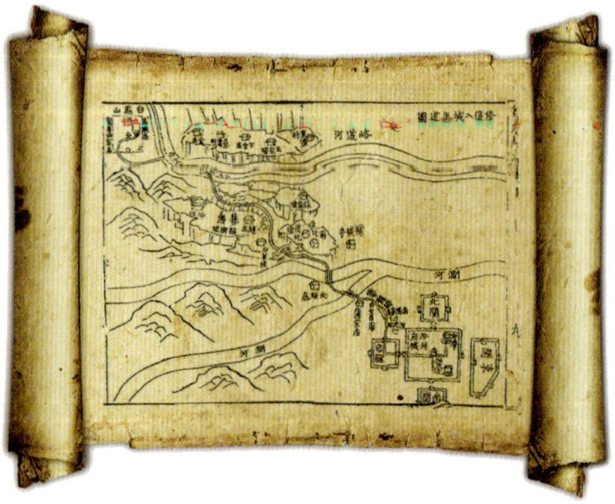

清代马跑神泉入城图

清顺治《汾阳县志》城内主要建筑图

操作。由于从用料到操作流程恪守一个“精”字，酿出的酒清香扑鼻，馨人心脾，入口绵，落口甜，让人垂涎三尺。最初时酒液贮藏一年后饮用，并冠以庆成王府酒。

由于古汾州乃杏花村汾酒产地，唐代杜牧的《清明》诗天下传闻。因此，庆成王府酒便成为太原晋王府，以及山西境内诸亲王府、郡王府的饮用酒。此后，随着庆成王府酒贮藏时间的延长，到明成祖永乐末年时，封存了五年以上的老白酒，成为皇帝大宴群臣，犒赏封疆大吏、戍边将帅的上品御酒，从而朝野盛赞，名冠京师。再后来，一代代的庆成王以十年以上的陈酿进贡朝廷，博得皇帝的愉悦与褒奖。为旌表庆成王府的赤诚之心，太和桥街上立起了三座大牌坊，其中位于太和桥北端的一座七檐牌坊，壮观华丽，直至新中国成立之初尚显巍峨。

庆成王府酒，为庆成王府带来了莫大的荣耀以及滚滚财源。每年正月初十，庆成王府照例大摆“三八八”（八碟、八盘、八碗）宴席，款待地方官员与名流，以显示与播扬王爷的贤明。此宴号为“庆成宴”，在王府美轮美奂的集贤堂内举行。席间，王爷饮酒用玉杯，王子用金杯，宾客用银杯。史载第三代庆成王朱表（木栾）生有百子，“庆成宴”以百张宴席入座，整个厅堂内，杯盏交错，酒香绕梁，熙熙攘攘，盛况空前，宾主频频举杯祝王爷福如东海，寿比南山。“庆成宴”成为古汾州令人艳羡的上等佳宴。

庆成王府还办有金兰诗社，地点设在城西北隅的香火寺内(可能是清代二府街西段的文昌帝君庙，新中国成立后纳入汾中校园），王爷等宗室子弟定期与地方文人墨客举办诗会。“雅堂高敞胜蓬莱，玉藻金葩上苑开。翠竹厅前酬酒兴，留云洞口斗诗才。朱霞彩耀栖真阁，白云吟传啸月台。坐对如兰宾客盛，旷怀不尽百千杯”。王府学博郑琦的诗作，记录了当时诗人们相互唱和，酒助诗兴的热烈场面。居于同城的永和王府也办有青莲诗社，诗会上也以庆成王府酒待客。

从明朝永乐年间至崇祯年间两百多年里，品质高雅的庆成王府酒，既显示了皇家的荣耀与气派，也为汾州属地的酿酒史增添了辉煌的篇章。如今，山西神泉酒业有限公司，依托堡城寺村这块宝地，利用马跑神泉这脉圣水，以神泉文化为助力，以优良的质量为保障，使“神泉古酒”系列品牌产品名声远播，众口称誉，与时俱进，稳步发展，谱写出汾阳酒文化新的灿烂篇章。

【附录②】

古法釀酒圖

破碎

润糁

摊晾

制曲

馬蹄踏破曉山雲　壹脈清泉百代勳　地眼忽開憐卒伍　天心有厚待將軍

玉驄芳草春堤合　金鎖斜陽碧巘分　漠漠水田澆溉處　壺溪流澤接橫汾

拌料

入窖

起窖

蒸餾

【附录①】

古清香型白酒酿制方法

原料破碎·把高粱和大曲分别进行破碎，每粒高粱按标准破碎成细瓣，成糁状，大曲破碎成标准要求大小，交下道工序。

润糁·破碎后的高粱称为红糁，在蒸料前加热水拌匀，其过程称润糁。

清蒸·使用活甑桶，先煮沸锅底水，然后均匀撒入已润料的红糁，边上气边上料，进行糊化，然后加盖蒸料。红糁蒸煮后，要求“熟而不粘，内无生心，有高粱糁香味，无异臭味”。

晾渣·蒸后趁热取出红糁，进行二次加水，使高粱充分吸水，再进行通风晾渣。

加曲·晾渣后加入大曲粉，拌匀下缸发酵。

发酵·采用陶缸作发酵容器，陶缸埋入地下，缸口与地表齐平，料入缸后，缸口用石板盖紧，用小米壳封口，再加上麦壳保温。地缸发酵因自然环境的影响，由技师根据经验去调节。地缸发酵入料前有严格的缸体卫生清理要求。发酵期为28天。

出缸蒸酒·发酵28天后，把成熟酒醅挖出，加入适量的辅料（稻壳），拌匀装甑蒸馏。蒸酒结束后，接酒时做到“截头去尾”——每甑截取酒头1公斤，酒度在75%以上，酒头倒缸贮存；当流酒的酒度达30%时，应该去尾，另行分装，待下次蒸酒时回入甑底重新蒸馏。

入缸再发酵·为了充分利用原料中的淀粉，大渣酒醅蒸完后，再加曲发酵一次，叫作二渣，二渣的操作基本和大渣相似。

贮存勾兑·蒸得的原酒按大渣、二渣不同分别贮存瓷罐中，存放3年。出厂时按大渣、二渣原酒适当的比例混合进行勾兑，然后作为成品出厂。

峪口村圣母庙

◎ 张立新

峪口村圣母庙，俗称娘娘庙，位于城西北十里的峪口村中心。为汾阳市级重点文物保护单位。该庙本称贺鲁庙，又称贺虏庙、润济侯庙。最初为祭祀水神贺鲁而建，始建年代约为元代中期。明清两代间，又陆续增建了牛王庙、娘娘庙及其附属建筑，逐渐形成一处占地面积约 6000 平方米的建筑群落。随着时代的变迁，该庙的称呼也发生了改变，最早的称呼逐渐被人们淡忘，最终以娘娘庙之名传世。附庙而兴的峪口村，因之也被称作娘娘庙村，直至 20 世纪 80 年代人们仍习惯于这个旧称。

该庙落群现存建筑有：山门、东、西配殿，娘娘殿及其献殿，贺鲁殿及其献殿，冬季贮花土窑。20 世纪 50 年代以前，峪口村圣母庙建筑群落基本完好无损，布局从南至北、由低往高大致分为，山门及其附属建筑、前院、正院、花园、花房五大部分。

山门及其门外附属建筑。山门二层楼阁式，坐北朝南。一层面阔三楹，青砖券拱窑洞，入深二丈七尺许，宽九尺。中为门洞，两旁倒坐，为看管庙门之人居舍。里外均有廊檐，廊柱均立于圆鼓形础石上；二层建有卷棚式阁楼，内祀吕祖，名曰吕祖阁。东西钟鼓二楼，小巧玲珑，檐角风铃摇曳。青砖围墙高约一米，堞口齐整。

《汾阳金石类编》有关于该庙门礅石的记载。这两块石礅完好时曾存放于圣母庙大殿，今遗落于村中，但已风化，被碰砸得破烂不堪，上面的文字也全部剥蚀。每只礅石长二尺零七分，高一尺零八分，宽一尺一寸二分，礅底长方，上雕石狮。

门东侧为雄狮，礅底正面镌刻盘龙，四周框有牡丹花边。正面左侧刻“大德十一年（1307）岁次丁未己酉月癸巳朔初三日记”，右侧下首刻“汾州四县石匠提控（金元时期对管事人或衙役的称呼）黑浮图村（今古浮图村）郭春刊”；侧面刻有猴、鹿、树等寓意

峪口村娘娘庙

吉祥的景物。

门西侧为雌狮，背伏胸抱两只仔狮。底石正面雕刻盘龙，四周莲花镶边；侧面二龙戏水。

礅石所刊的记年，可能是该庙落成的时间，也可能是庙门建成的时间。按常理推测，必是先有庙而后筑门。因此可推断，贺鲁庙的建成迄今已逾七百余年。

山门外即是秦晋古驿道，丈五开外处建有茶亭一座，亭南原有茶房三间（茶房、茶亭均是旧时驿道上按惯例设置的为行人提供便利的场所，通常每五里设一处）。清同治十年(1871)秋，娘娘庙主持之徒清玉，感于来往斯道者夏苦其暑热，冬畏其风霜，而原有的三间茶房，地狭屋窄，难以照应，因而动念为行人修建茶亭，以使来往商旅夏有纳凉之棚，冬有避寒之所。他向使用马跑神泉十一池水的村共募得三千八百文钱，在管庙社首的襄助下建成此亭（详见附录《娘娘庙兴建茶亭嵌石》）。

茶亭方广丈五，高过丈余。东西亭墙高约一尺，青石铺面。四根径粗一尺的明柱，撑起亭顶卷棚，顶棚上覆通瓦，猫头滴水。茶亭四面临风，亭下过洞，常年溪流潺潺。一年四季，来往行者经过此处，总在亭内歇脚小憩。这里还是村人闲暇时聚会的场所，儿童们常在亭墙石上“垫方”、“打老虎”（旧时农村流行的两种类似下围棋的游戏），过年过节时村人还在亭里蒙起围帐，提灯笼耍“牛皮人”。亭墙石常年被磨得溜溜发亮，光滑如镜。

三间茶房坐南朝北，外带穿廊，后改建为小庙，供奉蚢蚄等与农事有关的两个神灵。村民们每年正月里，在茶房前闹地秧歌祭神祈祷，而后在地里插许多五色纸旗，把小米捞饭撒向田间，这项祭祀活动方为告结。

穿过山门进入娘娘庙前院。院深五丈，宽五丈，左右两侧为棚式敞房，停放车辆。庙会期间，该院设古衣市、百货市等摊点，外地客商百货摊点多设于此院。院北墙三层青石台阶上，有砖式门楼贯通正院。门楼悬山式，磨砖砌柱，顶覆筒瓦，两面出水。门槛高约一尺，左右各蹲红砂石石狮一只。

抬步过砖式门楼进入娘娘庙正院，行不过丈二，倒坐乐楼一座，兼有照壁之用。乐楼二层，一层中央有门洞，可供出入。上层四柱三楹，中宽旁狭，面对贺鲁大殿。乐楼顶为卷棚式，前深后浅，前台饰有天花板，有益于演出时的音响效果。乐楼东侧有阙门，可供上下。

峪口村娘娘庙之贺鲁殿斗拱

乐楼东西两侧各有一棵百年老核桃树，树冠茂盛。正院南北十丈，东西宽二十丈，最多可容三四千人观戏。20 世纪 50 年代初峪口村庙会时，晋剧名家丁果仙、程玉英等都曾在此乐楼亮过相。

正院北面高于院基一米的平台上，建贺鲁殿、娘娘殿、牛王殿。正中贺鲁殿，前有卷棚过厅（俗称献食棚，也称献殿）；正殿东侧娘娘庙，也称圣母庙，殿前同样建有卷棚过厅；圣母庙东侧进月门另有一小院，俗呼禅院，为主持僧人吃斋念佛之所；正殿西侧牛王殿，牛王殿西侧过月门也有一小院，俗称西花厅，为庙院育花之所。

台基东西各有礤擦（俗称涩坡），边部垂带为青色条石，中间条砖侧砌露棱，成锯齿形斜坡。台基顶为十字式花栏墙，高约 1 米。东北角下，有一铁蘸纸盆，该盆边沿宽有 5 寸，铸有莲花、卧狮等饰物，腰悬铁连环，内可容四五人蹲坐。

卷棚过厅东西侧，略低于正殿平台，分别建有东西配殿各三间。配殿前有廊檐，内为三孔相通的砖券窑洞。内有数尊佛龛，常年供祀。东西配殿各有四层石阶供人上下。

贺鲁殿为最早建筑，居于主体位置。大殿悬山式屋顶，面阔三间，总宽 13 米，进深 12 米。前廊挑出约 1 米，檐柱四尊，每柱径粗近 1 尺；前檐斗拱共七攒，五踩双出昂，昂头为琴面昂。斗拱布置疏朗，构造硕大，体形雄巨，体现出元明时期建筑构架的特色。前檐大额枋通头为一体，长达 12 米之多，周围四尺，在汾阳现存的古建筑中颇为少见。拱眼与额坊上彩绘神态各异的飞龙云海，莲花、灵芝等花卉同时装点其上。正殿无后廊檐，后壁正中向后凸出，构十字顶抱厦一间，内置神台，神龛内祀贺鲁水神及其两尊侍神。殿内的活动空间颇大，便于举行规模较大的祭祀活动。

殿前39米建卷棚献殿，四柱三楹，通阔11米，进深5米，前后开敞，东西山墙开两大圆窗，既便于通风，也便于观望。此亭除了祭祀外，庙会期间，还可设为看台，坐观对面乐楼的演出。前檐置一斗三升斗拱七攒，为清代建筑风格。亭内梁枋皆为彩绘。

贺鲁水神紫红长颊，面净无须；圆目暴睁，眼窝深凹；扶膝端坐，神情威严，令人望而生畏。正殿檐下，哼哈二将，站地而立，高过丈余，龇牙咧嘴，面目狰狞恐怖。

峪口村娘娘庙贺鲁殿将军塑像

贺鲁，也作贺虏、贺娄，相传其为北魏将军，曾屯兵白彪，战事急迫，水远兵渴，其胯下战马，扬鬃奋蹄，过处清泉突兀而出，顿解士卒劳渴。贺鲁令士卒疏通其水流，供百姓引用，数千顷田得以灌溉。百姓感其恩，建祠祀之，尊为峪道河水神。所涌之泉即指今马跑神泉。

该庙区为元代以后的峪道河“十二池水”（元时为十池，明代为庆成王、永和王府增加了“城子池水”两分，为确保王府水分，曾在峪口贺鲁殿廊下立《马跑神泉流水碑记》（详见附录），管理机构所在地。而且，官府祭祀贺鲁水神仪典也由神头贺鲁神祠转移至峪口村进行。这事不难理喻，当时交通不便，白彪岭底至城内有三十里之遥，山道坎坷，鞍马劳顿，是件十分费力的事；至于说在城内贺鲁庙进行，又恐有敷衍之嫌，显得对神灵不敬。两相之下，峪口村的贺鲁庙，离城不远，依山傍水，景色宜人，当然是最佳去处了。这样一来，白彪岭底的贺鲁神祠冷了，峪道河谷口处的贺鲁庙就红了，依庙而生的峪口村也就渐渐形成了。于是，贺鲁殿两侧建起了护卫农人的牛王殿，为民送子的娘娘殿，院落中还建起了乐楼，贺鲁庙不再仅仅是古驿道旁寂寂的孤寺;它的周围开始缭绕凡人的烟火。此时，历史的车轮大约已进入明清相交之年。

峪口村娘娘庙圣母塑像

娘娘殿，也称圣母殿，殿高低于贺鲁殿。西侧悬山掩于贺鲁殿悬山下，两殿山墙间有3尺宽的隔巷。面阔三间，通宽为10.8米，进深9米。前檐斗拱七攒，三踩单抄。与贺鲁殿斗拱相比，该殿构件纤巧华丽，斗拱高度趋低，布置紧密。昂头为飞云楼头层，形似大象卷鼻。整个斗拱装饰性增强，明显呈现清代建筑的风格。献殿面阔一间，进深5米，四柱无墙。卷棚后檐与正殿前檐相隔甚近，宽不盈尺。

在中国的神文化长廊中，娘娘庙为数颇多，所供娘娘也各有异，常见的有女娲娘娘、送子观音娘娘、九天玄女娘娘、王母娘娘、水母娘娘、后土娘娘等。峪口娘娘庙所供为送子娘娘，而非水母娘娘。大殿残存壁画上，有一幅内容即是年轻的女性与若干童子携手嬉戏的情景。

娘娘殿内置，据村人回忆大致如下：正中神阁内，送子娘娘体形丰润，神态安详，怡然端坐，俨然如青春少妇，又宛若人间慈母正满目爱怜地凝视着自己的孩子们。其膝上膝下，一群天真活泼的泥娃娃，胖乎乎，肉鼓鼓，神态百样，情趣盎然，十分招人喜爱。

娘娘左右各立一侍女；神阁东西两侧各立侍神，村人称其为娘娘的两个妹妹。究竟所供何神，今已无考。

送子娘娘虽然与贺鲁水神一样，同为人们所祭祀，但贺鲁殿内外森然的氛围，往往让人望而止步。尤其妇女儿童更是轻易不敢越贺殿一步；而娘娘殿内温馨浓郁的人情味，娘娘和蔼慈祥的面容，总是令前来求拜者有一种如沐春风般的舒畅欢愉。再加上祭祀贺鲁多为官府社首之责，而求子许愿生男抱女则为每个百姓人家的常事大事，于是娘娘庙的名望与日俱增，最终盖没了贺鲁庙。

牛王殿位于贺鲁殿西侧，悬山顶，面阔两间，置斗拱五攒，风格近似于贺鲁殿。殿高低于正殿，内祀牛王爷、马王爷。其建筑年代早于娘娘殿，迟于贺鲁殿。

东西配殿内祀若干佛教之神，后期也做僧人道士居舍。

西配殿背后，有一狭长小院，内有水井，院墙有门通庙外。村民与庙内用水均从此井打取。

西配殿南有坐北朝南的四间瓦房，原为庙内僧人道士养蚕之房。后来于晋公司也曾在此房养蚕缫丝，村人称作蚕房。

从牛王殿西侧，上三层石阶，穿月门，进入西花厅。

西花厅院内建有西房三间，院中置假山。南北两个小门，南通西配殿后井院，北入该庙花园。

前庙后园，园内植花种树，这是中国寺庙建筑的一大特色。峪口村圣母庙也不例外，该园优美的风光，至今仍为村人津津乐道，也为汾州文化研究者所关注。

从西花厅北门进入花园。东行不数步，有松曰“蓝松”，为园中第一奇景。该松不似本地常见的松树那样，而是挺拔高伸，叶色墨绿油青。它高仅约丈余，树冠有如圆圆的平顶伞盖，给人们遮出一片绿荫；树叶绿中泛蓝，稍远而视，竟似有罩有一层淡淡的蓝气，蓝松之名因而得之。

松下置青石方桌，上刻棋盘，南北各有两鼓型墩石。风和日丽时节，高僧名道，隐逸之士，常在此品茗对弈，逍遥时光。石桌东南，开一方鱼池，锦鳞游弋，清波荡漾。池畔植二株异树，一曰黑枣树，一曰绒柏花。绒柏花即丁香，在汾阳并不罕见，多为灌木丛生，花有紫白两种。此株绒柏花长得魁梧如树，茎秆粗如脸盆，枝叶高过贺鲁殿抱厦；每年春季，花开满树，莹白似雪，香气浓郁。

石桌东北三丈开外，三株粗大的青松傲然挺立，直向青天，与蓝松相映成趣。青松以东，竹树丛生，粗壮直立的是毛竹；俊秀修长、枝叶纤细的是青竹。幽幽竹篁边，一脉神泉细流绕崖而行，似乎都染着丛竹的青青翠色。

东西围墙处一棵棵柏树有如守园的卫士，大黄杏等果树年年硕果累累。不知名的青藤，蒙络盘绕，将土围墙遮盖得严严密密。

庙内年年植花莳草，因而在庙院最北部的土坡上，凿了两孔深达数丈的土窑，一些名贵的花草都搬在这里越冬。

阳春三月，园中空隙地上，牡丹、芍药、月季、西番莲、石菖蒲、马兰花等成百种花草，东一丛，西一围，或几簇相拥，或一枝独秀，摇曳多姿，异彩纷呈，把整个花园装扮得花团锦簇。加之鸟儿啁鸣，蜂飞蝶戏，这满园春光，常引得墙里墙外人驻足品赏这美丽的景致。

汾州文化名士、明天启二年进士朱之俊，曾有《峪园诗草》诗集传世。其中，关于峪园风光的诗作《夏日峪园即事》云："何物为知己，清飕曳蕙纕。近怜荷冠水，遥喜薜衣墙。短榻长松下，幽琴古石旁。邻僧时过语，摘果与先尝。"从诗中所言情景看，他就居住在后人称作西花厅的地方。

清康熙年间小南关举人赵日昌隐逸不仕，在此常居，自云西花厅三间草堂为"西昆别墅"，友人呼之为"葆光斋"。顾宏为其作《峪园记》，赞其园："距城数里，花草竹木，曲砌流泉。登高可以望山，平眺可以瞩远。"

每年四月初八，峪道河"十二池水"管理机构的社首、各村渠长与庙内主持僧道，都要向贺鲁水神举行献祭仪式，人们把这种仪式称为"公盏"。公盏的前一天，庙门外的茶房前，就开始杀猪宰羊，盘炉砌灶，准备祭席。四月初八这天，鼓乐喧天，细吹细打，贺鲁殿内外香火缭绕，红烛高秉。一套复杂繁琐的祭祀过后，社首、渠长与各村代表，自然要觥筹交错，尽情享受一番贺鲁水神带给他们的福祉。后来，送子娘娘、牛王、马王诸神灵也都跟着贺鲁水神沾光公盏时得一份飨食。

清乾隆四十八年（1783），贺鲁庙社首们组织各方出资，将贺鲁庙坍圮的庑屋条廊葺理一新，联名向汾阳县知县蔡珍焕递折，申请重立贺鲁庙会，会期三日，每年四月初七至初九。获准后新开的庙会一时之盛，于是社首们又请知县勒石记事，蔡珍焕顺民之愿，援笔为记，命立官碑于峪口村贺鲁庙，并定会规六条镌于其石（详见附录《润济侯庙新兴会记》）。在汾阳四乡的庙会中，峪口村庙会以其规模之大，来往商贾之多，物产之丰富，红火了近两百年的光景，直至20世纪50年代，随着峪道河镇政治中心的上迁，才日渐衰落下来。

20世纪初，峪口圣母庙仍然风景如画，吸引着各地的游人前来观赏。交城人宋殿元所作游记《峪道河口旅行记》（详见附录），即生动记述了峪口圣母庙及其周遭的环境风貌。

1937年"七七事变"后，"十二池水"管理机构发生重大变化，重新组成峪道河水利会，县署委派村人赵谷山任水利会会长，并兼峪口联村村长。水利会仍在峪口村贺鲁庙内理事。新中国成立初时，水利会更名为"峪道河水利工程委员会"，1957年从峪口庙内迁至赵家街村。

1957年冬，庙内设峪道河镇初级中学，庙殿均被改造，塑像被移走，壁画被白灰涂盖，乐楼等建筑被拆毁。一座如此有名望的大庙群，从此面目全非。1993年，学校迁出古庙，庙院再度沉寂下来。1994年，峪口村圣母庙被确定为市级文物保护单位。2010年，峪口村党支部、村委会决意借助八方之力，恢复古庙原貌，重塑神像32尊，共耗资190万元。为保护好前人留下的这份宝贵的文化遗产，使其成为峪道河旅游区的一处景点做出了贡献。该庙现为山西省重点文物保护单位。

【附录①】

峪园记

◎〔清〕顾宏

孝廉赵君讳曰日昌，园虽小，有足观者。距城数里，有花竹古木，曲砌流泉，登可以望山，平眺可以瞩远，中构草堂三间。别驾黄君颜曰："葆光斋"。康熙丁亥[①]孟夏，孝廉置酒高会，酒酣嘱余记。噫，余忆癸未[②]秋，吾友王陶斋令于介招余游李贡士园，索文以志其胜，时刻石于壁上矣。未几，王君擢州守去，余也久不到介。今岁春，从平遥再过其地，主人适北游，乃瞻眺徘徊。园林如昨，一时同游皆散四方，独壁上石在耳。夫岁月之推迁，良朋之聚散，大概如此。今余游君之园，不知几时再到。记成亦刻之石否？又不知诸同人仍聚首不散四方否？其能无慨余心乎？且孝廉高尚不仕，早掇巍科，选次已及，坚志弗就，尤人所难。夫古人乐道自如务光许由脱屣，万乘者邈乎尚矣！秦汉以来，不少隐逸；然秦政暴虐，桃源避世，刘项分争，商山甘老，岂其性殊哉！亦其所遇之厄而然也。今君躬逢盛世，可以树功立名。而顾不为此，若将长处丘壑，以终身者，其故何也？吾闻卜山汾水之间，代多异人，如介子推、郭有道之高风。孝廉倘慕之欤？或聆接舆之歌沧浪之咏，有所感而为是欤？否则耽此园林之乐，不屑升斗之粮欤？不然何为与李贡士有阶隐之志也？余皆不得而测，请仍质之孝廉。

①康熙丁亥：康熙四十六年，公元1707年。

②癸未：康熙四十二年，公元1703年。

【附录②】

峪口润济侯庙新兴会记

据润济侯庙社首张希天等禀称，润济侯庙昉于唐，有宋宣和年周公炜修整，及明成化年间，耿公升重修。四月庙会同来以矣。逮庑廊渐圮，商贾货物无所攒列，以致会寝。今忝酌乎古，各愿出货，葺理条廊，仍立会三日，每年四月初七起至初九止。招集殊方商贾，备物致用，兼以骡马鸠集等语，本县批行在案。嗣后，张希天等称"工竣会起，商民两便，洵一时之盛，恳请勒石"等语，本县甚洽其情，准其勒石，竖于润济侯庙，昭示来兹。

永定会规如左：一、商贾贷物所关最大，凡管会者，必须端正。二、会场不可专倚住持，恐未便弹压，以致滋事。三，日暮清庙封锁，各门不许闲人出入。四，捕快二名，更夫二名，击梆鸣锣，四处巡查。五，禁止夜戏入殿内以及厨下，各宜小心火烛。六，不许擅借银钱，硬赊货物以及募化等项。

禀请立会社首：张希天，张綍、贾芮、郝之恩、吕心傅、张存之、曹文明、贾生玑、王之在、张子璇、张芳名、高天升

经理工程社首：贾芮、郝一鸣、王之在、周文琦、张希天、张子璇、张芳名。

管会社首头班：姜大隆、张开泰、张綍、赵忠、李昶、武珅。

管会社首二班：杨维先、赵存臣、郝之恩、王泽广、王天德、曹恩。

三班：周文灿、曹克武、郝一鸣、张登第、郝之麟、张笈。

新兴会总社首：贾芮。

特授汾阳县正堂加三级记禄五次蔡成珍撰

清乾隆四十八年*八月初六立

*清乾隆四十八年：公元1783年。

【附录③】

娘娘庙兴建茶亭嵌石

昔闻事有难易，易莫易于因旧制以补修；难莫难于立新规以建造。在得其人以经营之，果得其人，易者固不难，难者反觉其易耳。娘娘庙山门对面，旧建茶房三楹，地势狭小，来往斯道者，夏苦其暑热，冬畏其风霜。僧人清玉忽然动念，与社首等商议，另建茶亭，以便行人憩息，便夏有以纳其凉；冬有以避其寒。但苦其力薄，募化十一池，以襄其事。功成勒石，问志于余，余详其本末，以彰前人之功德于不朽，俟后人之补葺于勿替云尔。

功德姓名开后：刘村池，施钱三千七百文；池定池，施钱四千；庄化后池，施钱三千六百文；庄化前池，施钱三千三百文；大河池，施钱二千三百文；太平池，施钱四千七百文；董寺后池，施钱四千文；董寺前池，施钱四千文；罗城池，施钱三千七百文；古浮图池，施钱四千文；金井池，施钱五千文。王保仁，施钱五百文。

经理人：任桂敷、张洪槐、任邦兴、清玉。

社首：刘玉照、李保成、赵庆山。

主持：澄惠，徒弟清玉，孙（徒）意超、意仁、意重，曾孙（徒）海山。

同治十年*岁次辛未瓜月谷旦立

*同治十年：公元1870年。

【附录④】

峪道河口旅行记

◎ 宋殿元

戊午①七月上旬一日午前，偕同研友雷君冠五，出汾州北门，行十里，抵峪道河口之娘娘庙。

由西偏门入，榜曰：“汾阳县农桑分局。”入院，见南有一井，北辟一门，入则西有室三楹，虽不宏敞，而幽雅有致。盖冠五之三少君鸣英，已先待于是矣。坐甫定，适局中赵君周卿亦自外至，彼此问讯已，啜茗一瓯，四人遂偕先游花园。园在庙后，园门即在此院北墙之中。甫入，略一浏览，见古木数章，干霄蔽日，异草奇葩，畦中杂莳。最奇，则距园门十数武，有翠兰松一株，轩粗过尺，高可丈许，枝杈皆下垂，形圆如盖，荫可蔽席，生平所见树未有大于斯者，令人盘桓其下不忍去。园无名，予谓：“即可以是松之名锡园也。”由此松之西，向北行数步，复折而东，仄径之痕宛在，惟丛薄互相纠结，人俯地始能过。抵东复折而南，向北立，忽见竹里夹柰果一株，树不高大，而垂实累累。时正红熟，周卿、鸣英各手摘数枚饷我。予尝之，味殊可口，异于常品。旋出园，游览庙内，睹墙宇各事均完整，殆因地有水利，故修葺较易谋耳。享亭②西，树一碑犹新，读之则称马跑泉水，共有十二池，溉田计千顷，享其利者计有二十五云。时方午，冠五拟上游王塔。予询其概，曰：“闻外人多避暑于此，必有佳境可想。”鸣英留备膳。

予与冠五、周卿遂进峪道河，一路柳阴夹道，水声潺潺。约十里而遥，抵王塔。访之殊无佳胜可游，冠五意殊索然。予曰：“此游良得，城居闷久，获此天然胜境，藉以散步，何快如此。乘兴而来，惟惜无一憩息之所供以少坐解疲乏，斯为憾。若论所行，山阴道上，其又奚以异耶！”

即循原路归，先游试验场之菜圃，次游桑圃，见培植繁茂，湖桑尤觉相宜。若冬不畏冻，汾地蚕桑必发达无疑也。归庙，予谓：“用餐后，可赴狄武襄公坟一游，斯不负此行矣！”冠五曰：“距庙东里许，闻尚有田驸马坟，亦可游也。”予曰：“田驸马坟乎，何以不见于邑乘？吾辈可即往一读其碑，何如？”

四人遂又偕往，时微云掩日，偶送凉风，野外已得新秋意味。至坟依北山之麓，周围尚完固，砖门洞壁，大可二十亩，就中古柏成林，墓得十数穴，均无标识，极东有碑亭二座。趋读之，则为乾隆时曾任陕西临洮道田呈瑞所诰封文也。所谓驸马者，究不知何说焉。游毕，乃折而西南，向武襄公坟上迤逦而来。盖坟在庙之正南，亦约里许。至则见仅有弹丸地，高出田畴不三尺，榛莽中树上一丰碑，文曰“宋狄武襄公之墓”，为宣统纪元所新易。临近，东西又有两碑相对峙，上半字迹摩挲尚可读，下均剥蚀不能辨，然皆宋时物也。三碑作鼎足势。目击四周，彼黍离离，令人有无限伤感，盖以一代名将之域，而悉犁为田，甚矣！吾国人之不知崇拜英雄也，是诚可浩叹已！旋回庙，用膳毕，偕冠五及其少君归。入城时见斜月西挂，光一抹仅射雉堞间矣，时寓汾州西河书院。

①戊午：民国七年，公元1918年。

②享亭：贺虏殿卷棚。

【附录⑤】

峪口村重修圣母庙碑记

圣母庙立峪口村，昭示后嗣怀德恩。

重塑仙像驻神灵，传承美德创温馨。

盛世激励人，吉祥盈满门。在各级政府领导的关怀、支持和村民的努力下，基建于峪口村的圣母庙（娘娘庙、贺鲁庙、牛王庙、关帝庙、吕祖楼的总称）相继得以修复，立为省级重点文物保护单位，总投资壹佰玖拾万元。

前期工程的建设，更加鼓起了峪口村民建特色新村的信心与思路。有百分之九十以上的村民为之捐款，由村党支部村委会组织塑神像卅二尊（娘娘庙九尊、贺鲁庙七尊、牛王庙六尊、关帝庙七尊、吕祖楼三尊）。但愿圣母灵旺情意浓，保佑平安注深情，历史文化底蕴深，特色经济一展新，民族美德续传承，小康大道呈美景。

重修圣母庙领导组成员

组　长　　赵启耀

副组长　　刘建康　刘启成　刘建荣

成　员　　刘启文　武增光　刘建功　刘启珍　赵志德　赵新胜　武金建

公元二〇一〇年四月二十八日立

贰

古典诗歌

咏马跑神泉古诗

其一

◎〔唐〕卢象

将军称贺鲁，遗庙俯灵渊。
縢[1]喷蛟龙穴，波跳赤鲤泉。
路回芹涧水，村近石林烟。
野马含暄气，农夫出故廛。
土膏兴耒耜[2]，尸祝[3]傍山巅。
阅世无铭石，兹游非暮天。
顷来规下宇，必葺慕先贤。
悦使成能事，抡材出俸钱。
伉香推干蛊[4]，班匠择精专。
黝垩[5]何其丽，栾栌[6]本自然。
松青离石道，云白介山田。
适叹飞翚速，仍忧黄雀穿。
梨花寒食后，桂籍酒樽前。
饥麝寻香柏，流莺助晚弦。
吴愉擢玉斝[7]，赵舞落金钿。
上巳无过酒，春衣试欲湔。

故园思巩洛，禊饮客汾川。

寄语西河老，乡心朝暮悬。

①漦(chí)：龙口喷出的水柱。

②耒耜(lěi sì)：农具。

③尸祝：尸，古代祭祀仪式中代替死者受祭的活人；祝，祭祀时司告鬼神的人。这里指享受香火的庙宇。

④干蛊：指儿子能担任父亲所不能承担的事业。有青出于蓝胜于蓝之意。

⑤黝垩：粉刷彩绘。

⑥栾栌：栾，柱上的曲木，两端以承斗拱；栌，斗拱。统指檐下的木结构。

⑦斝(jiǎ)：古代饮酒器。

其二

◎〔唐〕田肇

身殁中都将，芳遗贺鲁祠。

灵泉生马足，神宇构云基。

叆叇*潜离牖，潺湲旋别池。

莺啼沉谷静，华落茂林滋。

岩草游庭鹿，清风啸日鸱。

曾怀忧物志，常赴惠人期。

佑享朝悬乐，精诚夙问龟。

将军于此地，灾福信无私。

*叆叇：形容云彩低而缥缈。此句意为缥缈轻柔的云带，悄然从窗前游过。

其三

◎〔宋〕赵瞻

贺鲁神泉发何所，山深源大浮溪浒。
中分半流沾民土，余波架高入州圃。
激为涌泉流数股，浸润园葵不可数。
百谷虽焦犹此取，故有盗夺恐亦与。
民利神泉神有主，庙貌宜盛盖云古。
我欲谒泉有苦语，利起争端祸所贾。
愿潴泉源成水府，待岁旱叹如蓄贮。
云雷一掀天下雨，神之功德毋乃溥。

其四

◎〔宋〕赵瞻

从征师旅驻山巅，白马跑山出洌泉。
踊跃三军争赴敌，深沉一流涨清涟。
膏腴灌溉收成富，士庶登临大有年。
贺鲁元戎功业盛，封疆无复事披坚。

其五

◎〔明〕郑仪

马跑泉涌地，利泽号壶溪。
花竹描春色，风标入品题。
清波金鲤跃，乔木瑞禽栖。
览胜来游客，车尘问马蹄。

其六

◎〔明〕张绅

拜井与跑泉，地灵原有效。
至今川上流，都为知者笑。

其七

◎〔明〕岳东旸

为言贺鲁旧遗踪，路入荒山古涧中。
清迸数源寻饮马，碧涵一沼志游龙。
推移滚滚千轮转，灌溉沄沄九陌通。
自是名高汾水上，人今都道沛神功。

其八

◎〔明〕朱之俊

曾闻渴暍病行师，亏得追风奋足骐。
偶尔骄嘶开地眼，果然喷涌出天池。
潆洄山麓千秋秀，荡漾皋田万顷滋。
纪异好题功德水，将军神武至今思。

其九

◎〔明〕祝颢

山川出云雨，润物固其功。
兹泉发祥久，备载州乘*中。
维时属多故，积岁罹荒凶。
忧伤轸当宁，遣使祀灵宫。
祝辞致虔恳，香帛寓寅恭。
嗟予本微陋，旬宣忝陪从。
愿言沛甘泽，一以苏疲癃。
惟神答灵贶，庶几昭感通。

*州乘：指《汾州志》。

其十

◎〔清〕陈彤

涔川得自望梅时，不藉飞甘弱柳枝。
惊见一军扬圣水，渴奔万骑饮仙池。
溪深缓送惠花雨，谷冷闲栖浴日鹚。
悠咽泉声随处落，恍闻凯奏马蹄诗。

其十一

◎〔清〕邢秉诚

万骑云屯贺鲁雄，彪山灵脉响冲冲。
谩夸粲玉溅珠异，偏赖追风逐电功。
免我将军临井拜，笑他丞相望梅空。
何如蹀躞*留弘泽，远注汾波挹不穷。

*蹀躞：往来徘徊。这里指贺鲁跑马涌神泉时的英姿。

其十二

◎〔清〕周超

泉缘贺鲁走骝骅，屈曲寻源藻满洼。
环寺有山皆翠绿，沿溪无树不杈枒。
彪钟灵脉资千顷，马挈神功给万家。
庙貌巍峨勤致祝，甘霖时沛更无涯。

其十三

◎〔清〕任晋三

第二名泉事亦神，马来跑出井华新。
曲栏此日深深护，蹄印分明认逼真。

其十四

◎〔清〕郑远

龙种知泉脉，遗踪在水滨。
山容阅世古，庙貌逐时新。
亭沼连云气，鼓钟迎圣神。
年年社事乞，乐兹颂千春。

其十五

◎〔清〕周超

亘邑横安流，千古明德颂。
发源西北隅，巑岏纷错综。
灵脉彪之麓，溅珠吐罅缝。
咄哉崇伯子，相度下流雍。
石卵汩泥沙，橇樏殊厥用。
淤滞迅驶驱，不待骅骝纵。

至今千万年，弥漫得所统。

西南禹门流，隐泉北来共。

汇此竟达汾，大国朝郑宋。

引灌数十顷，妇子获飧饔。

溪必泛兰桡，凫鹥鱼作俸。

米碓遏上流，园林各自封。

三分引入城，旧例岂聚讼。

水利古今同，乡国合并重。

余曾一溯洄，沿溪减驺从。

形势胪心胸，分波贵决壅。

二八两月闲，更不碍耕种。

廛市烟火稠，均得汲以供。

敢惮挹注劳，谁肯采菲葑。

前人不我欺，朝夕丰碑诵。

将毋筑舍谋，观泾徒慌恐。

其十六

◎〔清〕周超

去秋及今夏，亢旸燔草木。

夏时心如焚，遍向诸神告。

人言贺鲁祠，乃在彪山麓。

历代英爽昭，谒诚凛斋宿。

减从走溪岖，泉声响幽谷。

此泉马所跑，势若龙蛇曲。
山中异村庄，万树森以绿。
神祠立泉源，峰峦匝南北。
庙貌果巍峨，班象整且肃。
侯自元魏来，封典著简牍。
润济丰碑传，恩波一方沐。
酒醴肆筵设，尪巫[1]矢恭祝。
泥首顿阶墀，愿救此邦族。
禾黍虽若枯，尚可望收获。
是时若不雨，白骨自难肉。
山川速出云，甘霖必沾足。
槁苗勃然兴，流离免驰逐。
妇子复聚首，老羸[2]得鼓腹。
便当秋赛早，牲牢报神谷。
神苟不我听，莫挽天心酷。
非徒邑宰嗟，恐亦非神福。
虔祷毕致词，丰隆[3]已四簇。
彻奠始归途，衣裳沾霡霂[4]。
未几大沛然，异哉神灵速。

①尪(wāng)巫：古代专事奉祀神灵的人。
②羸(léi)：瘦弱。
③丰隆：传说中的雨师或雷师。
④霡霂：小雨。

其十七

◎〔清〕周超

维山下之出泉兮，羌源远而流长。

纵江河之浩翰兮，溯滥觞于微茫。

斯白彪之崒嵂兮，伟领袖夫群冈。

蓄灵脉于云根兮，本原过所发祥。

或变迁而泯迹兮，显骅骝之腾骧。

岁重光与赤奋若兮，及嘉平之下浣。

腊已送而春气淑兮，协风披拂而来暖。

挈安仁与休文兮，策蹇骑而行缓。

踏枯草之残雪兮，路崎岖而宛转。

眺群峰之旋绕兮，若拥背而拱面。

嵌人家于坳洼兮，林木脱而隐现。

忽泉声之盈耳兮，乃似近而仍远。

猝悄寒之凛冽兮，蹀躞乎高岩之阴。

它山其皆土阜兮，兹独峭壁之嶙峋。

峦势裂而欲仆兮，马亦骇而前奔。

泻激湍于两山之间兮，宛游龙而可寻。

列老树之杈桠兮，互逞枝而效勤。

独孤松之特立兮，撑偃盖于山岑。

溯神渊之真源兮，谒庙貌于将军。

解士卒之消渴兮，跑万骑于云屯。

资靡竭于井养兮，亦渟蓄于方塘。

俯涟漪之凝碧兮，藻经冬而恒芳。

数金鱼之出没兮，狎伴侣而徜徉。

快尘襟之可濯兮，汲杯茗而可烹。

清澈底而如鉴兮，任妍䄡于毕张。

静涵万类兮，浑浩洸洋。

动给群流兮，不涸有常。

初涓涓而脉脉兮，渐汩汩而汤汤。

竖孤亭于初坎兮，跨略彴*于中央。

经危险而咽噎兮，灿漱玉之铿锵。

冲石卵而喷薄兮，闪溅珠之光芒。

潆千回而百折兮，胜盘旋之羊肠。

禹曾导于下流兮，浲得顺而无伤。

石田赖以垦辟兮，资灌溉夫稻粱。

园林引为池沼兮，浸鲜鲫于泱泱。

蔬圃挹其弘泽兮，润桃李而馨香。

分一流于城市兮，助文澜于宫墙。

达汾波而长往兮，杳不知其何乡。

洵神功之普济兮，救西北之高凉。

客疑山必有泉兮，何假乎神骏之力？

矧崇伯子之疏泄兮，讵北魏而始得。

余谓古今之沧桑兮，每显晦而莫测。

殆决瀹于夏时兮，至春秋而或塞。

更昭灵于原公兮，迨元魏而又窒。

重显绩于贺鲁兮，藉马蹄之奔逸。

决神机于窍穴兮，遂发越而泛溢。

斯游悦其感沸兮，虽屈曲而悠扬。
沁诗脾而泠泠兮，涤歌喉而浪浪。
逝昼夜而不舍兮，悟天地之无尽藏。
忘归途之杳渺兮，指丹嶂于斜阳。
滚疏星于迅波兮，激炫目之奇光。
知己其可多得兮，当续胜事于流觞。

*彴(sháo)：孤梁。

其十八

◎〔清〕魏国卿

清源初见细涓涓，只是寻常石底泉。
流出短墙才一尺，便惊雪浪撼山前。
神泉传有马跑痕，骑马空山觅旧源。
收尽江南好风景，一鞭红雨十三村。

其十九

◎〔清〕魏国卿

北魏将军庙，西河润济侯。
一泉生马足，万顷荷神庥。
赛鼓迎春梢，吟鞭绕陌头。
彪蹲峰顶石，龙驾岭边湫*。

柳眼迎人媚，莺吭渡闲幽。

何如谢公屐，千古此清游。

✳马跑神泉之侧的白彪山上，沟口有桥曰“龙桥”。

其二十

◎〔清〕魏国正

东贺六浑西黑獭，沙苑邙山岁战伐。

将军谁欤此驻师，渴骥奔泉凿灵窟。

凿灵窟兮通神泉，巨浸浩淼声潺湲。

一时甘洌饮疏勒，万古膏腴滋野田。

纵横锸畚渠百二，狼戾篝车禾十千。

亦有琤琮响碧玉，况复沮洳连汾川。

神功不朽在润济，生前汗马亦细事。

异代侯封视四渎[1]，社鼓椒浆答神赐。

可怜移汾筑[2]，汾空争相持鬼馁。

求食无人知，凉风堂侧泣明月，古戍城荒卧老罴。

① 四渎：古人对四条入海之水的总称，即江(长江)、河(黄河)、淮(淮河)、济(济水)。

② 指修于鼓楼北街与卫巷相交的贺鲁庙。

其二十一

◎〔清〕李荣达

游不拘日时，饮不计斗斛。
昨日山之巅，今日水之曲。
洒墨银光笺，簇簇生新绿。
瑰词抉幽奥，快意真发覆。
前诗状山景，笔峰何高矗。
兹篇绘水声，如闻奏琴筑。
山水罗胸中，先生意乃足。
愧我困未学，为文学干禄。
何日屏尘缘，此事关清福。
名泉咫尺间，从未涉游躅。
先生飘然往，山灵敬相速。
是时虽苦旱，景物媚清瞩。
麦浪烟塍涌，山樱露园熟。
地偏气象殊，峰回径路复。
忽讶雷砰訇，水轮翻地轴。
秋种亦已布，垅畔眠碌碡。
夏田分渠溉，处处见飞瀑。
桑阴来馌妇，柳坞鸣鹧鸪。
渐进穷泉源，澄泓凝碧玉。
净宇俯山椒，林箐何繁缛。
门外骇浪喧，奔腾衍湍洑。

马跑诧神奇，传言县志录。
安得汾上田，尽如此间沃。
有山即有泉，共慰豚蹄祝。
我欲弃笔砚，此间构茅屋。
膏腴数十亩，四时课耕劚。
奈乏卖山钱，清梦萦林麓。
载歌考盘篇，幽人独寤宿。

其二十二

◎〔清〕武汝明

马蹄踏破晓山云，一脉清泉百代勋。
地眼忽开怜卒伍，天心有待厚将军。
玉骢①芳草春堤合，金锁斜阳碧巘②分。
漠漠③水田沾溉处，壶溪流泽接横汾。

① 玉骢（cōng）：即玉花骢，泛指骏马。
② 巘（yǎn）：山峰，山顶。
③ 漠漠：迷蒙。

其二十三

◎〔清〕龚郅和

一

魏元割据久消磨，此地曾经屡用戈。
黯黯暮烟残垒废，离离秋草战场多。
马跑涌出双鱼跃，凤舞城高见雁过。
凭吊清流怀贺鲁，古今忠勇近如何。

二

白彪山下忆元戎，痛饮军欢一代中。
九曲神泉秋草碧，千年古庙夕阳红。
小民犹享养鱼利，名将终流汗马功。
惟爱林泉无限景，到今遗泽岁时丰。

下篇

神泉酒业

山西省著名商标
神泉酒业
山西神泉酒业有限公司

酒业
神泉
诚信经

2015 年山西神泉酒业有限公司全体员工合影

2015 年神泉酒业经销商年会合影

弍

发展历程

筹建初始

（1985—1986）

山西神泉酒业有限公司，始建于全国乡镇企业蓬勃兴起的 20 世纪 80 年代中期。

1985 年年初，由原汾阳县经济开发公司动意，与汾阳县峪道河镇政府商定联合兴办一座酒厂。几经考察议定，由县经济开发公司牵头并以资入股，峪道河镇政府以地入股，尽快筹划开工上马。并于 2 月 2 日，向汾阳县计划委员会提交了《汾阳县经济开发公司关于与峪道河镇共同开发汾酒事业的报告》。报告拟定厂名为“山西汾阳杏花神泉酒厂”，厂址初定于峪道河镇境内原山西省汾阳交换机厂旧址。后经考察论证，着眼企业未来发展，厂址重新选定在今汾阳市峪道河镇堡城寺村。同年 4 月 20 日，第二次递交立项申请。5 月 2 日，汾阳县计划委员会下发了汾政计（85）23 号《关于成立“山西汾阳杏花神泉酒厂”的批复》文件，神泉酒厂正式立项，企业性质为联办集体企业。在办理工商营业执照时，因企业名称与实际厂址不相符等原因，后注册为“汾阳县峪道河神泉酒厂”。

1985 年 5 月 5 日，神泉酒厂正式奠基。初建时设立“筹建处”，领导组成员有：组长，李兴隆；副组长，阎守义、韩龙；成员，王乃发、王笃金、张达中。并成立了董事会：董事长，李兴隆；副董事长，韩龙；董事，冯生才、王笃金、吴一凡。聘任王笃金为厂长，冯生才、吴一凡为副厂长。

神泉酒厂基建开工不久，汾阳县经济开发公司由于政策性因素撤出，企业基建被迫停止 3 个月。后经县委研究决定，神泉酒厂建设与管理全部移交峪道河镇政府，基建继续进行。镇政府委派副镇长冯生才分管神泉酒厂基建工作，聘任王笃金为厂长，企业性质为镇办集体企业。

神泉酒厂基建资金主要来源于银行贷款，筹措难度较大。镇政府领导多次往返汾阳、太原，联系筹贷事宜。在有关部门和相关领导的协调帮助下，两次共从山西省农经委申请到低息贷款45万元。从而解决了库房、粮库、锅炉房等土建问题。到1985年年底，基建投资21.1841万元，设备投资14.0880万元。时任县财政局领导李寿廷蹲点扶持企业，帮助企业从县工商银行贷款20万元，资金基本落实。

1986年10月，神泉酒厂正式投产运营。厂区占地面积8700平方米，有职工54人，总投资70余万元，拥有2个生产班组。主要设备有：1台甑锅、1台搅拌机、800个陶瓷发酵缸、1台上粮机、1台粉粮机、1台粉曲机、2台冷却器。年生产能力250吨。厂组织机构为：厂长，王笃金；副厂长，冯生才；厂部下设：办公室、财务科、生产科、机电科、供销科、质检科等。

纵观山西神泉酒业有限公司30年的变迁，大致历经三个发展阶段：联合经营——租赁经营——产权置换。

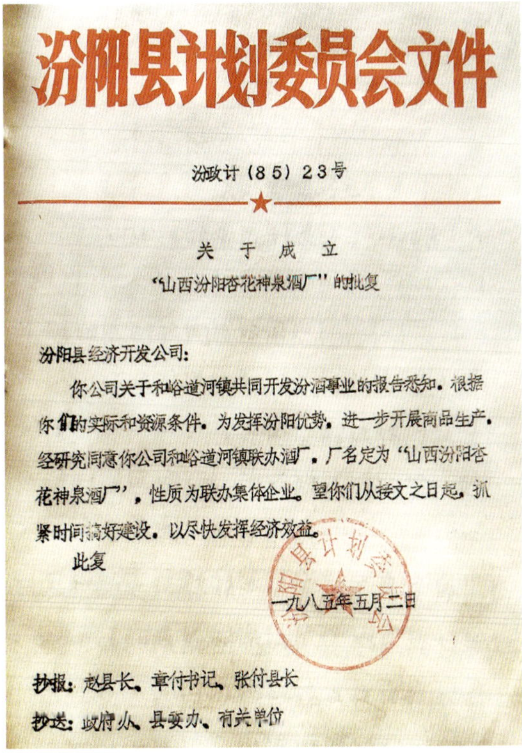

汾阳县计划委员会文件

汾政计（85）23号

关于成立
“山西汾阳杏花神泉酒厂”的批复

汾阳县经济开发公司：

你公司关于和峪道河镇共同开发汾酒事业的报告悉知。根据你们的实际和资源条件。为发挥汾阳优势。进一步开展商品生产。经研究同意你公司和峪道河镇联办酒厂。厂名定为“山西汾阳杏花神泉酒厂”。性质为联办集体企业。望你们从接文之日起，抓紧时间搞好建设。以尽快发挥经济效益。

此复

一九八五年五月二日

抄报：赵县长、章付书记、张付县长

抄送：政府办、县委办、有关单位

联合经营

（1986—2001）

山西神泉酒业有限公司前身为汾阳县峪道河镇神泉酒厂。联合经营是神泉酒厂发展史上较长的一个经历过程。这个过程是企业资本积累、修炼内功和发展壮大的过程。联营合作，使企业在生产经营过程中逐步走向成熟，提高了企业应对困境的信心和能力，产品质量稳步提升，并取得了良好的经济效益和社会效益。

一、依托汾酒品牌，稳步发展

“名酒产地，必有佳泉。”神泉酒厂拥有优越的地理位置，企业位于三晋名泉“马跑神泉”的下游、明王府庄园“烧酒坊”旧址。神泉之水清爽甘洌、四季流淌，是酿造美酒的上等天然资源。据《汾州府志》记载，明代朱明皇族宗室庆成王府就在今堡城寺设有庄园。庄园除有农田外，还建造了规模可观的酿酒作坊，酿酒之水即用神泉水源。其酿造的白酒，绵甜爽口、醇香悠长。庆成王府家酒成为宴请地方官员、社会名流的佳酿。山西各地王府均以此佳酿待客，誉及三晋。当今神泉酒厂生产的白酒，以“马跑神泉”水作为酿酒基液，正是王府佳酿的传承。

神泉酒厂投产初期，厂领导和技术骨干，以自力更生的精神，自主研究，自行酿制。首批白酒，经山西省白酒鉴定机构鉴定，由专家认定：质地优良、酒品纯正、绵甜醇香，具有汾酒品质。一时间，神泉白酒受到了广大消费者的一致称赞，美誉不断，声名鹊起。

1986年10月31日，经县领导牵线，神泉酒厂与山西杏花村汾酒厂签署了联营协议。协议规定：神泉酒厂按照汾酒厂规定的原辅材料质量标准和生产工艺组织生产，承担散清香大曲白酒和散特制北方烧酒的酿造；杏花村汾酒厂输出制酒技术并派技术指

导员现场实行技术指导和监督，负责提供质量标准；双方独立核算，自负盈亏。同年11月，汾酒厂委派酿酒师工艺师高增宝及质量技术监督员进驻神泉酒厂。至此，神泉酒厂从生产设备、原料配比到发酵酿造整个生产流程，采用了千年汾酒生产工艺。同时，挂“山西杏花村汾酒厂神泉酒厂”牌子。

随着企业的稳步发展，1987年10月神泉酒厂第一次扩建。扩建项目有发酵室1000平方米、酒库217平方米、酿造车间60平方米、化验室48平方米、粉碎车间64平方米、保温材料库198平方米、食堂42平方米、车库24平方米、配电室36平方米，及门市部36平方米。扩建总面积1725平方米，增加建筑面积4194平方米。购置了1口甑锅，800个发酵缸。总投资28.39万元，其中基建投资18.59万元，设备投资7.2万元，电路、水路投资2.1万元。生产班组增加到4个，生产规模达到500吨。

1987年1月至9月，神泉酒厂共生产白酒146吨，产值46.95万元，上缴税金15.66万元，利润9.78万元。1988年期间，与汾酒厂联营出现时断时续状况。1989年1月，峪道河镇党委、政府对神泉酒厂领导班子进行了调整，原厂长王笃金卸任，临时委派镇人大联络组组长郝庆贵负责神泉酒厂与汾酒厂联营恢复和生产启动工作。7月，峪道河镇党委任命时年34岁的高云河为神泉酒厂厂长。领导年轻化给企业注入了新的活力，企业开始逐步发展壮大。1990年，购进0.5吨储酒陶罐200个，5吨不锈钢储酒罐5个。

1993年，第二次技改扩建完成，建设发酵车间2座，扩建面积6600平方米。购置甑锅1口，发酵缸800个，搅拌机5台。

1997年，第三次技改扩建中，自筹资金150万元，改造了旧设备，增加了1口甑锅，800

个发酵缸，4 台冷散机。厂区面积增加到 2 万平方米。生产班组达到 8 个，年产白酒 1000 吨，固定资产达到 400 多万元，利税达到 170 万元。

联营过程中，经汾酒集团综合考评，神泉酒厂连续三年被授予“质量管理第一名”的荣誉称号。由神泉酒灌装的“北方烧”“杏花村”，以其品质优良、价格实惠受到消费者的追捧，成为当时人们亲朋聚会、家宴待客饭桌上常见的饮品。

二、创立自主品牌，积蓄发展

神泉酒厂在联营期间，着眼企业未来发展，于 1988 年注册了“魏峪泉”牌商标，企业从此有了自主品牌，发展思路更加明确。1991 年，神泉酒厂生产的“红高粱”酒，参加了由山西省政府组织举办的全省白酒评优活动。在参评的众多白酒中，经专家品尝，该酒被评为第一名，荣获“山西省优质产品”荣誉。1992 年，该酒参加了首届中国农业博览会，荣获铜质奖；1993 年，该酒荣获山西省首届农业博览会金质奖；1995 年，该酒被山西省乡镇企业管理局授予“质量信得过产品”称号。

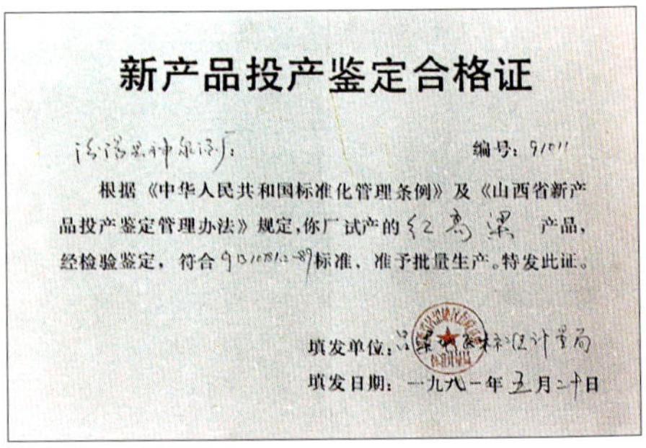

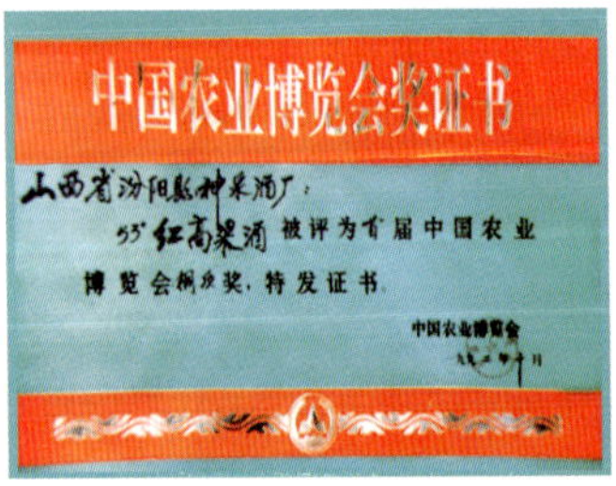

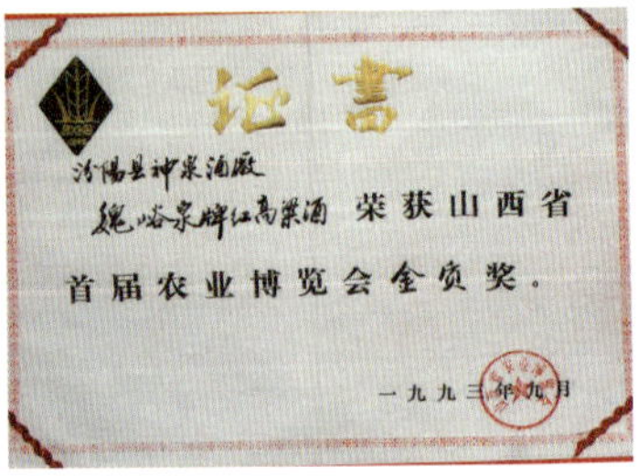

高质量的产品，需要有高标准的技术和高水平的企业管理。上世纪 90 年代，神泉酒厂在初始管理制度的基础上，从发展需要出发，重新修订完善了企业各项规章制度。根据不同时期的不同需求，适时调整完善经营管理内容。

1992 年，企业以节能降耗为目的开展经营管理。开展了修旧利废，提高材料利用率活动。实行车间酒班工具使用包干制，对酒班铁锹、簸箕、扫帚、水桶、小平车等日常用具包干到人，明确了工具年使用量以及奖罚措施。同时，组织职工开展劳动技术竞赛，鼓励职工对企业生产、技改、企业管理等方面，积极建言献策、提出合理化建议。发动职工拓展销售渠道，并设立重奖。车间班组劳动计酬实行基本工资加超产奖的办法。在安全生产上制定下发了《关于制定安全生产条例的决定》，该决定制定安全生产条例三章二十三条，对各岗位的安全生产权职范围提出具体要求。

1994 年，神泉酒厂实行了“宏观调控，权力下放分级管理制”。车间主任、班长依据本车间、本班组工人的表现和生产业绩，有权分配工人工资，分配奖金。对玩忽职守、不学无术、不服从管理的职工，有权开除出厂。车间主任、班长实行任期目标责任制，根据目标考核任免职务。车间班组实行优化组合，班长可择优选用职工，职工也可自主选择班组。极大地提高了班组凝聚力和战斗力。与此同时，制定实施了《酒班职工联产计酬结算办法》，该办法以出酒度数、出酒率为考核目标；以出酒度数浮动工资；以出酒率高低发放奖金；车间主任、班长津贴也随出酒率浮动，极大地激发了职工生产热情。在环境卫生建设上，成立了爱卫小组，划分卫生区域到各部门，实行半月检查评比，以季总结，半年评比奖励。同时还制定下发了《关于厂内各项制度的补充规定》，规定充实了厂规厂纪，规范了岗位职责，明确了奖惩制度。

1998 年，随着企业规模化发展，神泉酒厂依照国家法规、行业标准要求，全面修订出台了本厂企业标准。标准分为《管理标准》《技术标准》《工作标准》三类。这三个标准详细阐述了企业各部门、各岗位的工作要求，制度规范、管理办法、实施细则以及生产流程达到的工艺标准、产品标准、保护性标准等。这些标准贯穿了企业全面质量管理工作的全过程。

随着国家税务制度的改革，2001 年 11 月 28 日，神泉酒厂与汾酒集团联营协议终止。在联营的 15 年中，神泉酒厂掌握了汾酒生产工艺，并坚持“两条腿走路”，在保证代汾酒厂加工酿造原酒任务的同时，走发展壮大自主品牌的路子。企业规模逐步壮大，生产力逐步提高。1987 年，生产白酒 200 余吨，产值不足 100 万元，上缴税金 30 万元。到 1998 年，生产白酒 900 余吨，产值 500 余万元，上缴税金 130 余万元。联营期间，连续 10 年被汾阳市委、市政府授予“先进集体”“纳税模范集体”称号。吕梁地委行署授予“纳税百万元明星企业”称号。1999 年，吕梁行署环保局颁发了“排污验收达标”证书。多次被山西省乡镇企业管理局授予“质量信得过产品”荣誉称号，是中国农业银行山西省分行 AA 级信用度企业。

【附①】

联合经营协议书

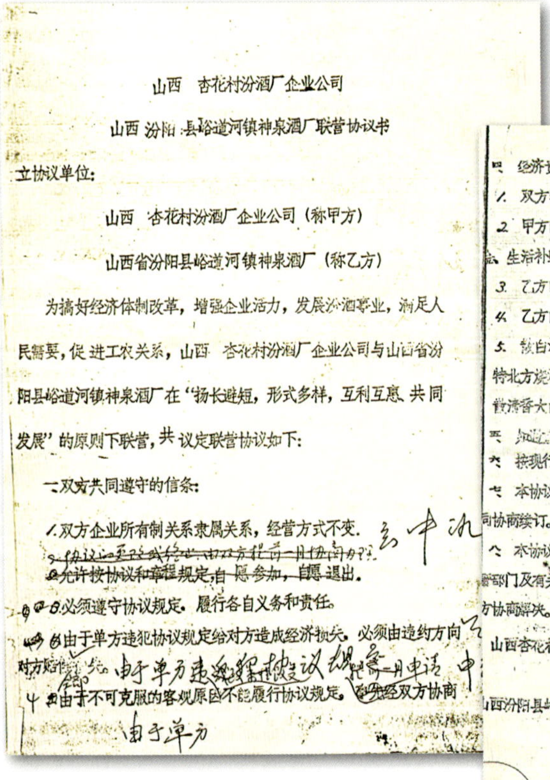

山西　杏花村汾酒厂企业公司

山西汾阳县峪道河镇神泉酒厂联营协议书

立协议单位：

山西　杏花村汾酒厂企业公司（称甲方）

山西省汾阳县峪道河镇神泉酒厂（称乙方）

为搞好经济体制改革，增强企业活力，发展汾酒事业，满足人民需要，促进工农关系，山西　杏花村汾酒厂企业公司与山西省汾阳县峪道河镇神泉酒厂在“扬长避短，形式多样，互利互惠，共同发展”的原则下联营，共议定联营协议如下：

一、双方共同遵守的信条：

1. 双方企业所有制关系隶属关系，经营方式不变。

3. 允许按协议和章程规定，自愿参加，自愿退出。

4. 必须遵守协议规定，履行各自义务和责任。

5. 由于单方违犯协议规定给对方造成经济损失，必须由违约方向对方赔偿损失。

6. 由于不可克服的客观原因不能履行协议规定，经双方协商

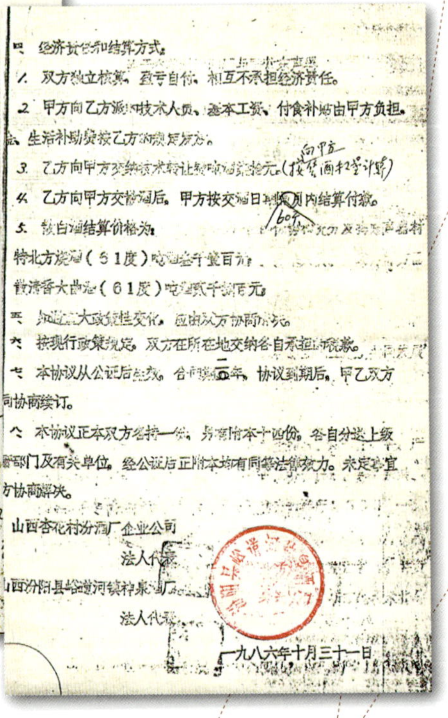

四、经济责任和结算方式：

1. 双方独立核算，盈亏自负，相互不承担经济责任。

2. 甲方向乙方派出技术人员，基本工资、付食补贴由甲方负担。生活补助费按乙方的规定发放。

3. 乙方向甲方交纳技术转让费[illegible]元。

4. 乙方向甲方交酒后，甲方按交酒日期[illegible]内结算付款。

5. 散白酒结算价格为：

特北方烧酒（51度）吨酒[illegible]

曲清香大曲酒（61度）吨酒贰千[illegible]元。

五、如遇重大政策性变化，应由双方协商解决。

六、按现行政策规定，双方在所在地交纳各自承担的税款。

七、本协议从公证后生效，合同期五年，协议到期后，甲乙双方[illegible]同协商续订。

八、本协议正本双方各持一份，另有副本十四份，各自分送上级[illegible]部门及有关单位。经公证后正副本均有同等法律效力。未定事宜[illegible]方协商解决。

山西杏花村汾酒厂企业公司

法人代表

山西汾阳县峪道河镇神泉酒厂

法人代表

一九八六年十月三十一日

【附②】 联合经营时期厂区

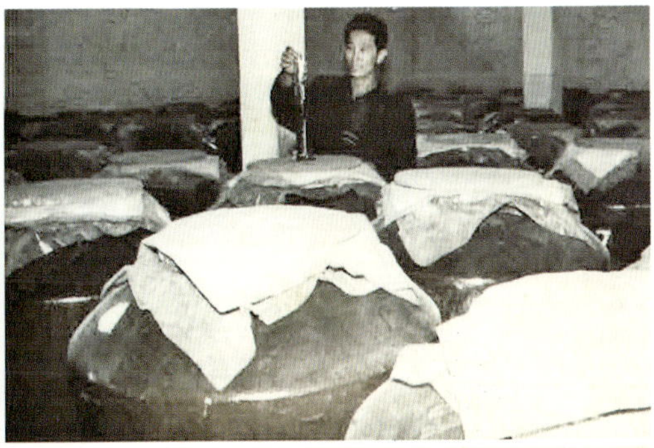

【附③】

历任厂长简介

【王 笃 金】

男，汉族，生于1931年，汾阳市冀村镇东河头村人。汾阳县峪道河镇神泉酒厂第一任厂长。

1985年神泉酒厂筹建时聘任其为厂长。筹建期间，由于合作单位汾阳县经济开发公司政策性撤出，资金断链后工程停摆。为使基建工作顺利进行，王笃金组织领导班子成员，跑贷款、筹资金。为确保工程如期完工，他带领基建人员不畏艰苦环境，坚守工地，顺利完成了各项基建任务。

1986年10月，神泉酒厂投产后，他积极与有关部门联系沟通，成功与山西杏花村汾酒厂签订了联营合作协议，使企业生产经营迈开了新的步伐。1987年，企业进行了第一次扩建，新增加了厂房及设施设备，生产班组由原来的2个增加到4个，年生产能力达到500吨，经济效益和社会效益得到提高。1988年，神泉酒厂注册了"魏峪泉"牌红高粱酒商标，企业从此有了自主品牌。1989年，王笃金调离神泉酒厂。

王笃金任职期间，企业从无到有，由小到大，通过联营，神泉酒厂生产工艺完全采用千年汾酒的工艺操作，为企业后续发展奠定了坚实的基础。

【郝 庆 贵】

男，汉族，1946 年生，汾阳市贾家庄镇后庄化村人。汾阳县峪道河镇神泉酒厂第二任厂长。

1989 年 1 月，峪道河镇党委临时委任郝庆贵（时任峪道河镇人大主席团主席）为神泉酒厂厂长。上任伊始，神泉酒厂由于多种原因，与汾酒厂的联营中断，原料产品积压，生产处于停滞状态。为扭转局面，他广泛征求干部职工意见，召开会议、统一思想，采取了两条腿走路的办法：一是尽快恢复与汾酒厂的联营合作事宜，摆脱生产销售困境。二是加快恢复生产步伐，稳定生产秩序，挽回损失。在联营事宜上，经过多方沟通努力，终与山西杏花村汾酒厂达成协议，并恢复合作，确保了企业的正常运转。为加快消化企业停滞时积压的原料，决定同年 5 月立排投产。时任汾酒厂分管企业联营工作的副总经理刘元勋根据汾酒厂建厂以来的经验，建议五月份不宜投产。但如果不能立排投产，库存积压的高粱可能会霉变倾倒，将损失惨重。面对此情，在干部职工的共同努力下，立排顺利投产，运行正常，出酒率达到四十一点。避免了原料损失，为企业创造了效益。同年 7 月，生产经营步入正常，郝庆贵受命调回峪道河镇政府。

郝庆贵任职几个月，使停滞中的神泉酒厂生产经营得到恢复，生产秩序逐步稳定，企业得以正常运转。

【高云河】

男，汉族，1956年生，汾阳市峪道河镇圪垛村人。汾阳县峪道河镇神泉酒厂第三任厂长，现任山西神泉酒业有限公司董事长兼总经理。

1986年调入神泉酒厂担任机电科科长，1989年7月，汾阳市峪道河镇党委委任其为厂长。上任伊始，他以“诚信、高效、创新、发展”的指导思想发展企业，着力打造“魏峪泉”牌红高粱酒，使得“魏峪泉”牌红高粱酒蜚声省内外，多次获得国家级、省级奖项。企业规模由小变大，生产设施、车间由简陋到先进，实现了历史性的突破和飞跃。进入21世纪，他以实施文化促企为发展战略，深入挖掘明代庆成王府古酒文化和“马跑神泉”文化，传承历史遗产，丰富企业内涵。2004年，企业成功注册“神泉”牌商标。高云河被吕梁市人民政府命名为吕梁市非物质文化遗产“马跑神泉的传说”代表性传承人。“神泉”牌神泉古酒以酒体清澈透亮，入口醇香绵甜，深得大众喜爱和称道。“神泉”牌荣获山西省著名商标，“神泉”牌神泉古酒荣获山西省名牌产品、消费者信得过产品。

在企业发展壮大的同时，他不忘感恩社会、回馈社会，多年来先后为修路建校、助残助学、抗震救灾、慈善义捐等出资300余万元，被誉为“慈善使者”“汾阳最美慈善好人”。

神泉酒业在高云河的带领下，不断壮大，经济效益和社会效益取得了可喜成绩。高云河先后荣获“吕梁市优秀企业家”“汾阳市优秀企业家”“汾阳市劳动模范暨五一劳动奖章获得者”“汾阳市优秀共产党员”“汾阳市宣传工作先进工作者”等荣誉称号；被聘为山西省科技副县长协会特级经济顾问；当选为山西省质量与名牌协会第六届理事会理事。

神泉三十载　领航见证人

【附④】

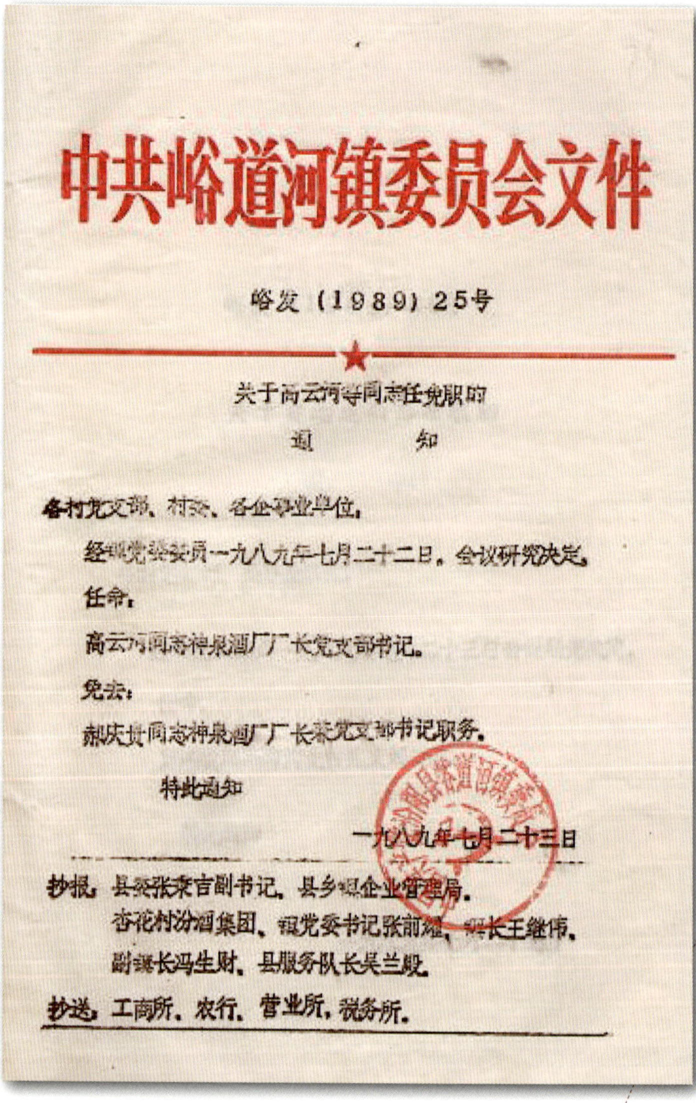

中共峪道河镇委员会文件

峪发（1989）25号

关于高云河等同志任免职的

通　　知

各村党支部、村委、各企事业单位：

经镇党委委员一九八九年七月二十二日，会议研究决定，

任命：

高云河同志神泉酒厂厂长兼党支部书记。

免去：

郝庆贵同志神泉酒厂厂长兼党支部书记职务。

特此通知

一九八九年七月二十三日

抄报：县委张秉吉副书记、县乡镇企业管理局，
杏花村汾酒集团、镇党委书记张前耀、镇长王继伟、
副镇长冯生财、县服务队长吴兰殿。

抄送：工商所、农行、营业所、税务所。

租赁经营

（1999—2005）

在快速发展的市场经济条件下，集体企业体制制约着现代企业经济的发展。要使企业真正步入市场经济轨道，就需要实行自主经营、自主发展的机制。1999 年 9 月 13 日，汾阳市峪道河镇人民政府与汾阳市神泉酒厂厂长高云河签署了《租赁经营合同》，租赁时限为 10 年。

一、渡难关，严细管理求发展

1999 年，神泉酒厂实行租赁经营，恰逢震惊全国的“1·26”朔州假酒案。受假酒案的余波冲击，各地消费者对山西白酒产生了严重的抗拒心理，致使山西白酒一度无法走出山西。而在本省，白酒企业竞争更加激烈。市场疲软而销售不畅，资金缺乏，举步维艰，企业一时陷入困境。面对复杂形势，厂领导一班人达成共识：“以质量求生存，以管理求效益，以信誉求发展，以诚信树形象。”没有资金，发动职工四处筹集。没有市场，厂长高云河亲自带头考察市场，走访经销商，开拓新的销售渠道，加大广告宣传力度，以质量承诺消费者。通过努力，销售业绩逐步回升。

在企业内部，神泉酒厂响亮提出了“向管理要效益”，实行精细化、严密化管理。一是完善了“企业职工通用规则 18 条”“职工违纪处罚规定 20 条”“劳动纪律 20 条”“卫生考核 15 条”，并将管理制度编印成册，职工人手一册，做到有章可循，有序管理。二是从严抓好制度落实，做到敢抓、敢管、严考核。从厂规厂纪、岗位职责，到随地吐痰以及生产过程中所用的一把扫帚、一把墩布都认真记录、跟踪检查。制度面前，领导职工都以身作则，率先垂范，自觉维护制度的严肃性。三是严明纪律，对违章违纪行为不徇私情，不手软。开除违规职工 2 人，免除班长 2 人，违反劳动纪律总计罚款 1500 元。制度的严格执行，有效

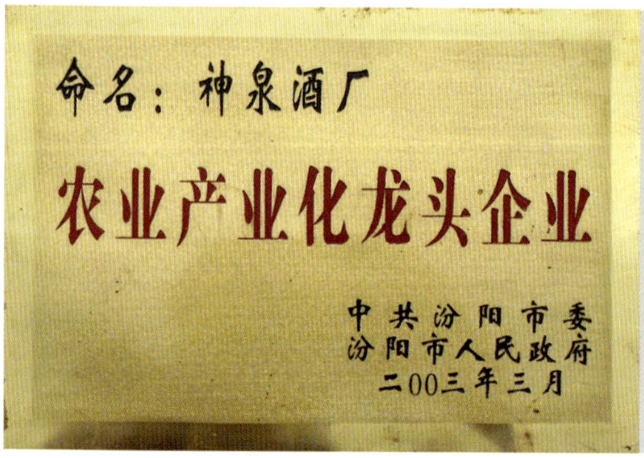

神泉酒厂被汾阳市委、市政府命名为汾阳市“农业产业化龙头企业”

规范了职工行为。职工自觉性的增强，使企业形成了团结进取、视厂如家、积极工作的良好氛围。四是裁减冗员，提高经济效益。针对厂内行政管理部门机构臃肿、人浮于事的弊端，将闲散行政人员下放到生产第一线，因才施用。职工干活心理平衡，凝聚力、向心力增强。企业形成了多一人没事干，少一人开不了套的良好局面。实行减员增效，企业管理人员由原来20人精简为13人，有效地控制了成本，提高了工作效率。1999年，通过干部职工的共同努力，生产白酒900吨，实现产值520万元，上缴税金110万元，人均创税1.5万元。1999年，在如此艰难的困境下，仍获得利润10万元这样的好成绩。

从严从细的管理，为企业集聚发展后劲奠定了坚实的基础。2001年，神泉酒厂购进板框过滤机2台，3柱过滤机1台，空气搅拌机1台，10吨不锈钢储酒罐5个，30吨、25吨不锈钢储酒罐共44个。2002年，购进10吨勾兑酒罐2个。2003年，购进液体灌装机2台，平摆封盖机2台，全位烘瓶机2台。2005年，购进反渗透纯净水设备2台，自吸泵1台。其设备总投资300余万元。

二、加强质量体系建设，实施品牌战略，提升企业形象

进入21世纪，企业面临的市场竞争日益激烈，抢先加强企业质量体系建设，实施名牌战略的重要意义进一步凸显。为实现名牌强企战略，企业在经营管理的步骤和手段上进行了调整。从2001年开始，神泉酒厂根据多年积累的经验，坚持以千年汾酒工艺为前提，建立起一套符合现代企业管理的体系。厂部下设质量管理领导组，各车间、各科室、各班组建立质量管理小组。整个体系从机构设置到岗位配置，从干部学习到职工培训教育，从工艺流程到产品客户终端追踪，从厂容厂貌到个人卫生，涵盖整个经营管理，全方位，全

赞助山西电视台《走进大戏台》栏目

过程，努力实现管理无漏洞。通过一年多的实践，至2003年1月，神泉酒厂在山西省同行业中率先通过了ISO 9001：2000质量体系认证。2001年，山西省质量技术监督局颁发了计量合格证书。2003年3月，神泉酒厂被汾阳市委、市政府命名为汾阳市"农业产业化龙头企业"。2004年，企业成功注册了"神泉"牌商标。"神泉"这一美丽的传说，又注入了新的含义。"神泉"牌神泉古酒也迎来了新的发展机遇，神泉古酒以稳定的品质得到了专业机构和消费者的高度评价。2004年，经山西省质量技术监督局考核，企业达到了山西省质量信誉等级AA级标准。同时，中国农业银行山西省分行授予神泉酒厂AAA信誉企业。2004年，神泉古酒被山西省消费者协会授予消费者指导品牌。神泉酒业多次荣获吕梁市、汾阳市、峪道河镇三级地方政府授予的先进单位荣誉。

神泉酒厂在自我发展的同时，大力支持当地群众文化建设活动。2002年，出资30余万元，承办了山西电视台栏目"走进大戏台"汾阳专场文艺活动，受到各界的广泛赞誉。

实行租赁经营，企业管理水平上了一个新台阶。"神泉"牌神泉古酒的注册，为企业后续发展注入了新的能量。

【附⑤】

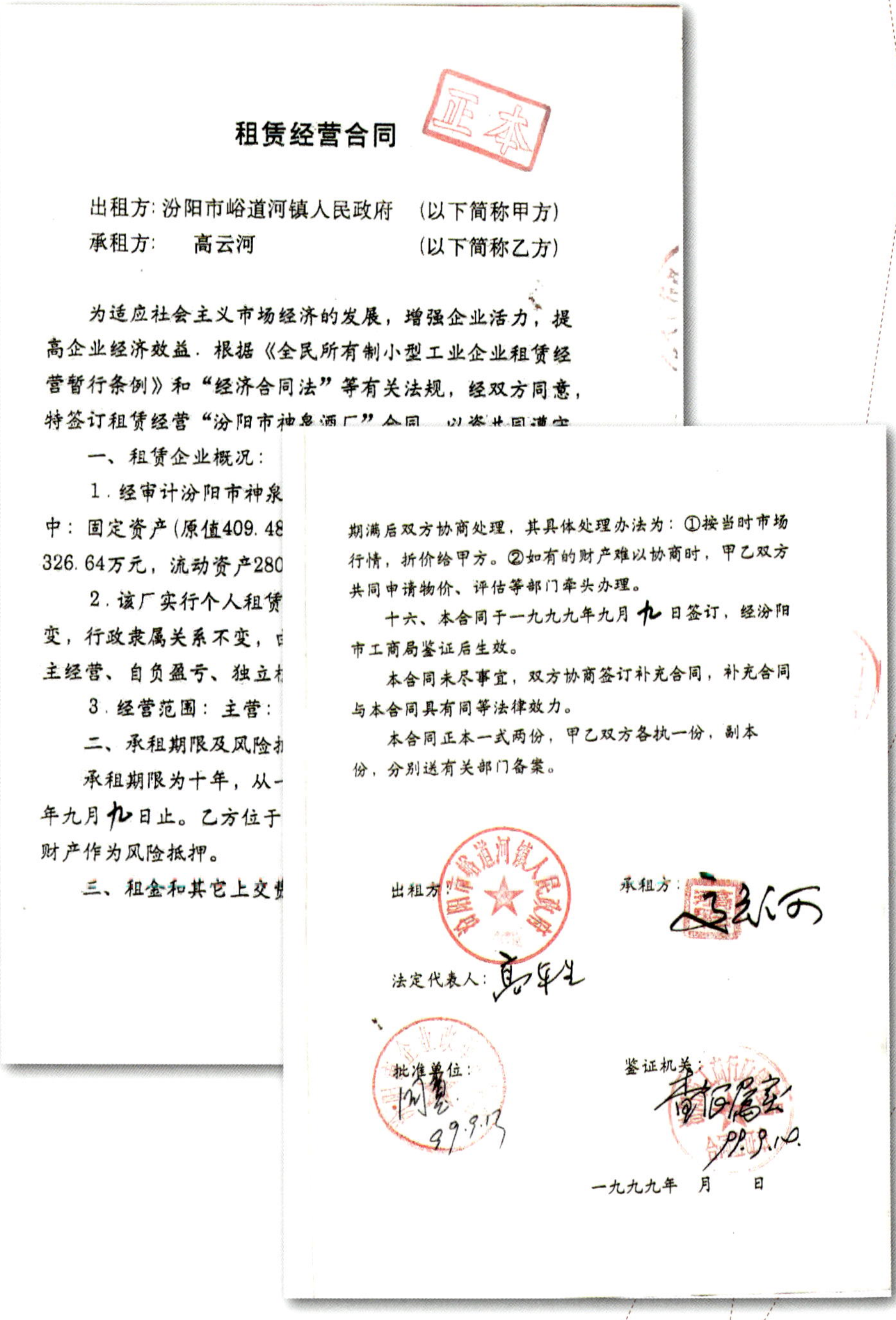

租赁经营合同

正本

出租方：汾阳市峪道河镇人民政府　（以下简称甲方）
承租方：　高云河　（以下简称乙方）

为适应社会主义市场经济的发展，增强企业活力，提高企业经济效益．根据《全民所有制小型工业企业租赁经营暂行条例》和"经济合同法"等有关法规，经双方同意，特签订租赁经营"汾阳市神泉酒厂"合同，以资共同遵守

一、租赁企业概况：

1．经审计汾阳市神泉

中：固定资产（原值409．48

326．64万元，流动资产280

2．该厂实行个人租赁

变，行政隶属关系不变，

主经营、自负盈亏、独立

3．经营范围：主营：

二、承租期限及风险

承租期限为十年，从

年九月九日止。乙方位于

财产作为风险抵押。

三、租金和其它上交

……

期满后双方协商处理，其具体处理办法为：①按当时市场行情，折价给甲方。②如有的财产难以协商时，甲乙双方共同申请物价、评估等部门牵头办理。

十六、本合同于一九九九年九月九日签订，经汾阳市工商局鉴证后生效。

本合同未尽事宜，双方协商签订补充合同，补充合同与本合同具有同等法律效力。

本合同正本一式两份，甲乙双方各执一份，副本份，分别送有关部门备案。

出租方：　　承租方：高云河

法定代表人：高[illegible]生

批准单位：[illegible] 99.9.13　　鉴证机关：[illegible] 99.9.10

一九九九年　月　日

産

产权置换

（2005— ）

随着市场经济的不断完善和发展，为建立“归属清晰，权责明确，保护严格，流转畅通”的现代企业制度，更好适应市场经济规律要求，创造自主经营的良好环境，努力提高企业生产力、竞争力水平，从而形成快速发展的激励体制，促进企业经济持续健康发展，汾阳市神泉酒厂于2005年10月进行了企业改制。

2005年8月，山西大地资产评估咨询有限公司进驻神泉酒厂，对企业的全部资产进行评估并出具了《资产评估报告》。9月20日，汾阳市峪道河镇党委、政府制定了《汾阳市峪道河镇神泉酒厂改制方案》。同日，神泉酒厂召开职代会，对峪道河镇党委、政府改制《方案》进行表决并形成了《神泉酒厂职代会关于神泉酒厂改制方案决议》。10月2日，汾阳市峪道河镇政府考察人员作出了《关于神泉酒厂受让牵头人高云河同志考察情况的报告》，确定高云河为神泉酒厂的受让牵头人。10月4日，由汾阳市体改委牵头，汾阳市峪道河镇政府与汾阳市神泉酒厂在汾阳宾馆签订了《汾阳市神泉酒厂产权转让协议》。11月22日，汾阳市公证处对神泉酒厂产权置换进行了公证。神泉酒厂成功改制。12月1日，“山西神泉酒业有限公司”正式挂牌成立，高云河出任董事长兼总经理。

产权置换，使神泉酒业驶入现代企业健康发展“快速路”。

一、技改扩建，规模生产

神泉酒业有限公司改制后，企业陈旧的生产设施，落后的厂房建筑已不能适应现代企业的生产要求。着眼未来，公司开始对厂区进行整体规划布局。自2006年始，在保证生产经营正常顺利进行的同时，企业逐年分期对厂房设进行了扩建改造。

2006年，拆除旧平房（办公区），改建为成装车间；更新了蒸汽锅炉，购置引风机1台、离心鼓风机1台，炉排无极变速器1台、钠离子交换器1台，出渣机1台、上煤减速器1台、自吸泵1台。2007年，新建了2座发酵车间，1座成品库。引进成装生产线，购置水循环洗瓶机1台、液体灌装机1台、平摆封盖机1台、风干烘瓶机1台、发酵缸1600个、水除尘器1套。2008年，新建了2座发酵车间，1座酒库。购置洗瓶机2台，硅藻土注式过滤机1台。2009年，在原汾阳市人民武装部弹药库旧址上新建1座库房、1座地下酒库、2座包装车间。2010年，3层新办公楼落成。购进不锈钢自吸泵2台，胶带封箱机1台。2011年，改造了4个发酵车间顶棚，建造了2座1100平方米的辅料、成品库，购置了空气搅拌机1台、反渗透纯净水设备1套、容量1吨以上陶瓷贮酒罐850个。2012年，改造了储配车间，并建造了800平方米的贮酒车间。2012年和2013年，重新选址建设了5000平方米制曲车间。2013年，新建了260平方米神泉酒业企业文化展示厅；增加了2套粉粮、粉曲设备，1套污水处理设备。2014年，改建了2500平方米的成装酒储存库。2007年至2012年间，共购置10吨不锈钢酒罐5个，30吨不锈钢酒罐44个，65吨不锈钢酒罐31个，100吨不锈钢酒罐6个。2006年以来，企业技改扩建累计投资1700余万元，其中设备投资600余万元。

神泉酒业经过多年的技改扩建，生产规模逐步扩大，生产能力逐年提升。厂区面积由改制前的2万平方米，增加到2013年的3万平方米。职工由改制前的84人，增加到2013年的180人，固定资产达到1500万元。改制前生产酒班8个，年产白酒900吨。2013年，生产酒班达到12个，年产白酒1500吨，贮酒能力由改制前的1000吨增加到2013年的5000吨。年产值由改制前的1500万元，增长到2012年的3000万元。经过改制，公司的生产经营水平和综合经济实力显著提高。

二、研发产品，打造品牌

神泉酒业在紧抓产品质量的同时，立足市场需求，确立了生产“老百姓能喝得起的名牌白酒”战略，以中低档酒为需求向市场要份额、要效益。公司在完善组织机构时，设立了“市场调研和新产品开发部”。并加大对该机构的资金投入，增加研发的设施、设备和经费。2008 年 4 月，公司注册了“吕梁山”商标。形成了以“神泉”牌神泉古酒和“吕梁山”牌吕梁山酒两大系列百余种产品。多年来，经过精心研发，陆续向市场推出高、中、低档各类清香型大曲白酒。“神泉”牌神泉古酒系列有：三十年陈酿，二十年陈酿，青花、精品十五年陈酿，礼盒十五年，十年陈酿高中低度系列，双胞胎十年，九年陈酿，八年陈酿系列，淡雅八年，绵柔五年、十年，陶罐陈酿，普通古酒，鸿运一九九九，吕梁山抗战八年，套装如意 418 和吉祥 588；除古酒系列，还推出：神泉老窖、神泉醉、金世福酒、神泉 58°8、神泉玉、神泉郎、汾阳神酒、神泉龙、神泉翠酒、神泉竹酒、红高粱等。“吕梁山”系列有：青花二十年、鸿运吕梁山、至尊吕梁山、吕梁山陈香礼盒、普通吕梁山等。还应客商需求，合作开发了“盛佳誉”“清汾股份”“兰花醇”“平遥人家”等品种，广泛地满足了各类消费者的需求。

神泉酒业生产的系列白酒投放市场后，以稳定的质量，醇香的品质深受消费者欢迎。产品也受到专业机构的肯定，并获得诸多荣誉。自 2006 年起，连续三届被山西省质量技术监督局授予“山西省质量信誉 AA 级企业”，连续三届被山西省名牌产品推荐委员会授予“神泉”牌神泉古酒“山西省名牌产品”。2007 年，经山西省食品科学技术学会调查研究，推荐神泉酒业有限公司为“山西卫视名优企业上榜品牌”。2010 年，山西省工商行政管理局授予商标监督管理和实施商标战略工作“先进单位”。同年，山西省酒类监督办公室授予“酒类质量信得过单位”。

三、注重管理，文化强企

以质量求生存，以管理要效益是神泉酒业多年来的经营宗旨。

企业改制以来，全面推行了 ISO 9001：2000 的质量体系建设。从强化生产工艺流程细节管理，树立质量意识，到制定实行“两个确保，一个到位”的质量跟踪制度——确保原材料按质量标准购进，确保工艺流程的正确落实，管理考核服务到位，全面跨越一个质量台阶。在原辅材料购进入库中，按质量标准考核、领导跟踪、保管全权负责。采购员、保管员、分管领导联动责任，形成入厂材料质量把关体系。生产工艺环节实施中，领导干部车间跟踪检查，制定全系列白酒质量考核指标，并实行绩效工资制度，最大限度调动了工人的生产积极性。公司领导干部深入车间现场检查指导已成制度化；酒班三天召开一次工艺讲评会，分析问题，解决问题；每周进行一次材料分析会，讲评优劣；机械设备维修也服务到车间，保证设备正常运行。

推行HACCP食品安全管理体系

2013年，企业推行HACCP食品安全管理体系，加强了企业经营过程中各个环节的分析控制。从采购、运输到原材料产品的储藏，从产品生产、包装、仓库储放，到产品的交货和运输，都有系列程序跟踪，并进行危害分析，每个环节都有责任人检查记录。各个程序都制定了关键控制点实行监控。同时，建立召回机制，成立应急领导小组，对可能的问题产品实施紧急召回，最大限度地保护消费者的利益。体系建立后，每季对各程序进行内审，每年由专家到厂监审。

HACCP机制的建立，突破了传统检测手段，使企业生产经营活动上升到安全预防机制，并形成完整的科学程序，增强了对潜在危害的预防，有助于设备改进和技术提高，有助于提升企业竞争力，提高产品安全的信誉度。

治理环境常抓不懈

多年来，公司先后投资20余万元，建造、购置了烟尘污水排放设施、设备，狠抓了治污工作。2005年，经吕梁行署环保局验收达标排放。每年汾阳市环保局检测验收均达到排放标准。治污的同时，加强了厂区环境的美化。对厂区内进行了无死角硬化，栽种了花草树木，努力实现无污染花园式工厂目标。

多种形式促进销售

2008年，企业受金融危机影响，销售滞后，产品积压，公司开展多种形式的宣传促销活动。2011年，在汾阳市中心广场举办了“神泉古酒”“红高粱酒”品酒、评酒及演艺活动。

2010年和2011年，分别在公司和文水国贸大酒店举行了两次规模盛大的"厂商联谊暨古酒促销兑奖会"，并设有丰富的促销奖品。通过宣传造势，联谊会人头攒动，索要资料、品尝白酒、积极兑奖，气氛热烈，增进了厂商感情，拉近了与消费者的距离。2013年9月3日，在汾阳丰泰苑大酒店举办"山西神泉酒业'鸿运一九九九'中秋品赏会"，各地经销商与市民热情参与，促进了产品销售。

经销商是企业的衣食父母。神泉酒业非常重视这种情浓于水的感情，把他们视作自己的娘家人，每年均举办一次规模盛大的销售总结表彰会。每次盛会，董事会各层领导盛装出席，诚邀各地经销商回厂参观指导，畅谈发展，并重金表彰。表彰会形式活泼多样，参观生产车间，座谈分析市场，举行抽奖活动、答谢酒会。厂商联动，激发了经销商的热情，增强了经销商的信心。2009年、2011年公司参加了"春季全国糖酒交易会"。每次参展，公司对产品展台都精心布置，洽谈签约仪式隆重。董事长高云河亲自接受媒体采访、宣传企业、宣传产品，扩大了企业的知名度。

神泉酒业在危机中自谋发展，销售网络覆盖山西省大部分地区，并拓展内蒙古区域市场，努力辐谢其他市场。

加强职工教育，形成企业合力

神泉酒业在加强职工遵纪守法教育的同时，以企业规章制度约束职工，以文体活动温暖职工，以提高职工工资福利待遇鼓舞职工。公司在监督检查厂规厂纪的同时，邀请有关部门领导、专家来厂对职工进行培训。2011 年，组织开展了“安全生产和质量管理年”主题活动。聘请市质检局、市交警队以及安监部门的专业人员授课讲解，全厂职工集中脱产学习，层层签订了责任状。为丰富职工文化生活，每年春节组织职工参加市镇文艺活动，组织代表队参加市举办的乒乓球比赛。

在职工福利保障上，制定了劳动保护福利制度；为职工缴纳养老保险金，提高职工的收入水平；为职工缴纳意外保险，使职工安心工作。改制前，职工人均月工资不足 1000 元，2013 年人均月工资达到 2000 元。职工向心力、凝聚力逐步增强。

弘扬古今文化，强化企业发展

早在神泉酒厂建厂初期就有企业文化构想，租赁时期注册了“神泉”牌商标，迈出文化强企的步伐。企业改制后，为了加快实践文化强企的战略构想，深入挖掘“马跑神泉”非物质文化遗产，通过收集整理申报，于 2009 年 6 月由山西省人民政府公布，山西省文化厅颁布了峪道河“马跑神泉传说”为省级非物质文化遗产项目。2010 年 9 月，由吕梁市人民政府颁布任命神泉酒业有限公司董事长高云河为吕梁市非物质文化遗产项目“马跑神泉传

说”代表性传承人。2012 年，神泉酒业加入吕梁市非物质文化遗产保护协会，成为会员单位。“马跑神泉”与“神泉古酒”为企业发展注入新的生机，实现了古老灵动和现代醇香的完美结合。

2005 年冬，为加大宣传“马跑神泉”文化，使千年古酒焕发生机，公司牵头联合市书法协会，举办了“汾阳市神泉古酒杯‘酒’字书法大赛”。启动仪式在市中心广场隆重举行，市领导、协会会员、书法爱好者热情参与。参观神泉酒业，品尝神泉古酒，了解神泉文化，极大地激发了参赛者的创作热情。有近百幅作品参赛，篆、隶、行、草各种“酒”字引人入胜；画幅灵动，长卷飘逸，美不胜收。表达了艺术家对神泉古酒的独特情怀。这次“酒”字大赛，丰富了企业文化内涵，推动了企业文化发展。

2014 年，神泉酒业投资 100 余万元，修建了“山西神泉酒业企业文化展示厅”。展示厅从“马跑神泉”的历史渊源、传说故事、史迹考证到明代“庆成王府古酒”的历史记载，以及神泉酒业对历史文化的传承与 30 年发展史进行了详尽的展示。展示厅以流动的设计结构，诠释了泉水与酒的渊源与发展之意；以还原“马跑神泉流水碑记”“王府金兰诗社”的风貌，再现了古老文化的精髓与厚重。展示厅通过图文介绍，实物展示，视频讲解，并配以不同区域声、光、味的要求，以清晰的脉络展示出神泉酒业酒文化的悠久历史和传承发展的坚定信心。

四、捐资行善，服务大众

积极参与慈善事业及社会活动

多年来，神泉酒业在发展壮大的同时，先后捐资150余万元，为峪道河镇、村扶贫助残，捐资建校，解决村民饮水问题。为汾阳市儿童福利院、汾阳市慈善总会、汾阳市红十字会行善捐资共40余万元。2008年，公司成为汾阳市慈善总会会员单位。捐资行善多次受到市、镇两级政府的表彰。

积极开展社会主义精神文明建设活动

神泉酒业在经济效益不断提高的同时，积极开展社会主义精神文明建设活动，积极履行社会责任，勇于参与社会活动。从2002年开始，连续六届赞助汾阳市乒乓球十强赛。2008年，赞助了吕梁市第二届运动会，被吕梁市体育局授予“体育工作先进单位”和“热心支持体育事业，积极推动全民健身”荣誉。每年组织职工参加由市文化局组织的春节元宵街头文艺表演活动。多次获得“支持文化建设先进单位”荣誉。企业精神文明建设的硕果和行善为民的举动，赢得了社会广泛赞誉。

神泉酒业有限公司建厂30年来，经过几代神泉人心血浇灌和努力拼搏，从一个固定资产不足百万元的小作坊，发展成为拥有固定资产1700万元、实现了半机械化生产的现代化企业。面对未来，神泉酒业员工将更加发奋图强，努力提高管理水平，深入挖掘神泉文化，以名牌强企、文化强企的理念促进企业发展，为社会经济建设贡献自己的力量。

【附⑥】

汾阳市峪道河镇神泉酒厂改制方案

根据市委、市政府提出的进一步加快推进我市企业改革的意见精神，为了解决神泉酒厂当前存在的投资不足和职工思想不稳定等问题，确保企业的可持续发展，镇党委、镇政府决定拟对神泉酒厂进行改制。现提出方案如下：

一、基本情况

汾阳市神泉酒厂建于一九八五年，属镇办集体企业。二〇〇年七月经山西大地资产评估咨询有限公司评估，现评估值为 6679309.24 元；负债账面值为 5891455.84 元；调整后评估值为 5891455.84 元；调整后净资产评估值为 787853.40 元。该企业现有职工 103 人。企业以“神泉古酒”系列产品为主导品牌，近两年年产量为 1000 余吨，年上缴税金 100 余万元。多年来，在镇党委、镇政府的正确领导下，企业生产设施、技术水平、产品质量和品牌声誉均有了很大的提高，“神泉古酒”已成为汾阳人民信得过、受欢迎的主要白酒品牌之一。

二、改制的目的和原则

该企业一直为镇办集体企业。一九九九年为了适应市场经济的发展，企业实行了租赁经营的形式。承租期为十年。近年来随着市场经济的不断完善和发展，白酒酿造行业的市场竞争越来越激烈，产品质量、品牌声誉越来越受到消费者的重视。面对新形势，该企业的效益却没有显著提高，主要因素是企业发展中受到了体制的限制，目前经营中凸现出几大难题：一是企业投入不足，发展后劲不大，市场竞争力不强，扩大再生产的技术改造的步伐在同类行业中明显滞后。由于受体制影响，经营者投资积极性不高，特别是市场竞争日益加剧，虽然经营人千方百计保品牌声誉，保市场份额，但不论是投资额度，还是拓展市场力度等各个环节均出现了明显的差距。二是企业租赁过半，经营人思想不稳定，从发展的思路看，目前是企业的关键时期，如不及时改制，势必影响企业发展。综上所述，企业改制势在必行。通过改制，把企业全面推向市场，按照市场经济发展的要求，建立“归属清晰、权责明确、保护严格、流转顺畅”的现代企业制度，通过改制达到企业不断做强做大的目的。

这次改制严格坚持公开、公平、公正的原则，使企业做强做大的原则。

三、改制办法

根据国家和省、市的有关企业改革的精神，这次改制要以产权置换为重点，严格明晰产权，稳定职工队伍，为企业快速发展创造条件。

1. 改制形式。这次改制拟实行股份制形式。根据汾发[2001]21号文件精神要求，改制中要坚持股份相对集中和法定代表人持大股的原则。具体方法由牵头人自行组织实施。

2. 产权转让的办法和范围。此次产权转让采取资产与负债整体协议转让的办法，首先聘请有资质的中介机构进行资产评估，然后依据评估报告确定转让价款。参照国资发产权[2005]78号文件规定，根据现在企业实行租赁经营期未满，以及企业稳定发展的实际，受让牵头人由出让方，在广泛征求意见、认真考察、考核的基础上确定，出让方只与一名受让牵头人签订转让协议。具体组件新公司的董、监事会。吸纳股东、变更登记以及税费等事宜由受让牵头人负责办理和缴纳。

四、其他

1. 土地租赁问题由新公司与土地所有权单位协商办理。

2. 产权转让后原企业的民事法律关系均由新企业承担。

3. 转让中的具体事宜以最终签订的产权转让协议为准。

二〇〇五年九月三十日

【附⑦】

汾阳市神泉酒厂产权转让协议

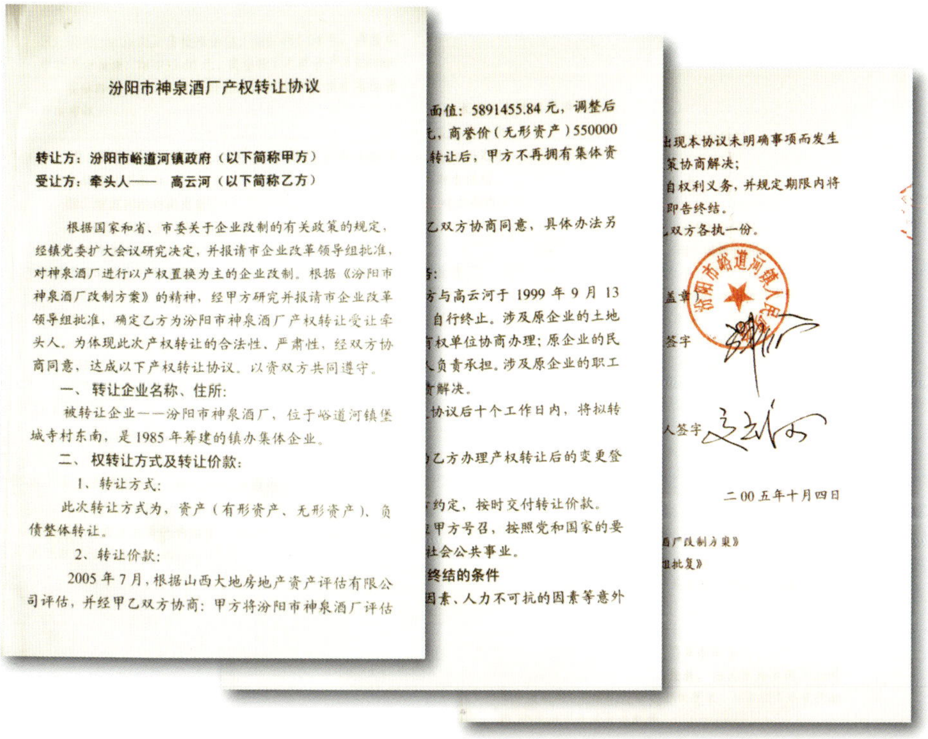

汾阳市神泉酒厂产权转让协议

转让方：汾阳市峪道河镇政府（以下简称甲方）
受让方：牵头人—— 高云河（以下简称乙方）

根据国家和省、市委关于企业改制的有关政策的规定，经镇党委扩大会议研究决定，并报请市企业改革领导组批准，对神泉酒厂进行以产权置换为主的企业改制。根据《汾阳市神泉酒厂改制方案》的精神，经甲方研究并报请市企业改革领导组批准，确定乙方为汾阳市神泉酒厂产权转让受让牵头人。为体现此次产权转让的合法性、严肃性，经双方协商同意，达成以下产权转让协议。以资双方共同遵守。

一、转让企业名称、住所：

被转让企业——汾阳市神泉酒厂，位于峪道河镇堡城寺村东南，是1985年筹建的镇办集体企业。

二、权转让方式及转让价款：

1、转让方式：

此次转让方式为，资产（有形资产、无形资产）、负债整体转让。

2、转让价款：

2005年7月，根据山西大地房地产资产评估有限公司评估，并经甲乙双方协商：甲方将汾阳市神泉酒厂评估

面值：5891455.84元，调整后
元，商誉价（无形资产）550000
转让后，甲方不再拥有集体资

乙双方协商同意，具体办法另

方与高云河于1999年9月13
自行终止。涉及原企业的土地
有权单位协商办理；原企业的民
人负责承担。涉及原企业的职工
解决。
协议后十个工作日内，将拟转

乙方办理产权转让后的变更登

约定，按时交付转让价款。
甲方号召，按照党和国家的要
社会公共事业。
终结的条件
因素、人力不可抗的因素等意外

出现本协议未明确事项而发生
策协商解决；
自权利义务，并规定期限内将
即告终结。
双方各执一份。

盖章
签字

人签字

二00五年十月四日

酒厂改制方案》
组批复》

【附⑧】

汾阳市峪道河镇历任主要领导名录表（神泉酒厂建厂以来）

党委书记	任职时间	政府镇长	任职时间	人大主席	任职时间	分管领导	任职时间
韩　龙	1985.05–1988.10	郭文学	1985.05–1985.12	郝庆贵	1988.10–1993.12	郝庆贵	1985.05–1989
张前耀	1988.10–1991.12	李德善	1986.01–1988.10	刘国政	1996.01–1998.09	冯生才	1987.05–1992.12
曹万新	1992.01–1995.06	王继伟	1988.10–1990.12	董士元	1998.09–2001.03	刘晋生	1993.01–1995.12
武建平（主持）	1995.07–1996.01	曹万新	1990.12–1991.12	祁春生	2001.03–2003.12	冯生才	1996.01–2000.12
苏树茂	1996.01–1998.09	武建平	1992.02–1996.01	刘国旗	2003.12–2007.02	张映楠	2001.01–2003.12
任世忠	1998.09–2001.02	田耀斌	1996.01–1998.09	秦广生	2007.02–2008.10	刘国旗	2004.01–2006.12
王建川	2001.02–2002.02	高东生	1998.09–2001.03			王东文	2007.01–2010.12
赵武精	2002.03–2003.11	赵　涌	2001.03–2003.11			李景春	2011.01–2012.06
赵　涌	2003.11–2007.02	韩秀山	2003.11–2007.02			武艳勇	2012.07–
杨景保	2007.02–2010.08	申东高	2007.02–2010.08				
游陆明	2010.08–	任光耀	2010.08–2012.02				
		靳福斌	2012.02–				

【附⑨】

山西神泉酒业有限公司历任领导名录表

发展时期	党支部书记	任职时间	党支部副书记	任职时间	厂长 董事长兼总经理	任职时间	副厂长 副总经理	任职时间	厂委员 董事长办公会议成员	任职时间	工会主席	任职时间
筹建	董事长（组长） 李兴隆	1985.05–1985.12	副董事长（副组长） 韩龙 阎守义	1985.05–1985.12	厂长 王笃金	1985.05–1985.12	副厂长 吴一凡 冯生才	1985.5–1985.12	董事 吴一凡 王笃金 冯生才	1985.05–1985.12		
联合经营	王笃金	1986.01–1989.01			王笃金	1986.01–1989.01	马云山	1987.12–1988.12	王万玉	1985.12–1989.07		
	郝庆贵	1989.1–1989.7	康新财	1989.01–1989.07	郝庆贵	1989.01–1989.07	靳普 郝庆生	1989.01–1989.07				
	高云河	1989.07–1999.09	康新财	1989.07–1999.9	高云河	1989.07–1999.09	靳普 郝庆生	1989.07–1999.09	康新财 庞登润 郝庆生 穆先琦	1989.07–1999.09	康新财	1989.07–1999.09
租赁经营	高云河	1999.09–2005.10	康新财	1999.09–2005.10	高云河	1999.09–2005.10	靳普 穆先琦	1999.09–2005.10	康新财 庞登润 郝庆生 王小润	1999.09–2005.10	康新财	1999.09–2005.10
产权置换	高云河	2005.10–	康新财	2005.10–2013.12	高云河	2005.10–	靳普	2005.10–2007.12	康新财 庞登润 郝庆生 王小润	2005.10–2010.12	康新财	2005.10–2013.12
							穆先琦	2005.10–2009.06				
			庞登润	2014.11–			王学贵 赵晓东	2008.01–	王学贵 赵晓东 韩小光 张军英	2011.01–	庞登润	2014.01–
							韩小光	2010.01–				
							张军英	2013.01–				

贰

品牌之路

借蛋孵化

1985年，神泉酒厂当初仅仅是一个单一加工高粱原酒的小作坊，属于峪道河镇镇办企业。与国有大型白酒企业汾酒厂联营合作，为其代加工纯粮原酒。

其间，企业视产品质量为生命，对员工进行了岗位业务技能培训，严格按照汾酒厂的生产工艺流程、质量控制手段进行操作，制定了系统的从原辅材料采购，到生产、贮藏、运输各个环节详细的质量安全卫生制度，做到了不合格原料不进厂，不合格产品不出厂。

泥腿子出身的工人们，在汾酒厂酿酒师傅的带领下，硬是靠着刻苦钻研的精神，一步一步把汾酒酿造工艺学习掌握到手里。曾连续数年，神泉酒厂酿出的原酒夺得汾酒厂“北方烧”质量比赛第一的好成绩。由于种种原因，与汾酒厂的“合作联营”时断时续，到1988年，“合作联营”中止，企业处于停产状态。

至此，峪道河镇党委、镇政府和神泉酒厂一班人开始明白，虽然掌握了汾酒生产原酒工艺技术，但要想有更大的发展，单靠送原酒，终究受制于人，企业必须两条腿走路。面对困境，镇党委、镇政府领导班子当机立断，一方面于1989年启用当时担任设备科长的高云河出任神泉酒厂厂长兼党支部书记；另一方面利用各种关系，千方百计继续启动“联营合作”。

高云河厂长上任后，他与当时的镇党委、镇政府一班人达成共识——只有打造和拥有自己的品牌，神泉酒厂才能最终在市场上占领一席之地，才能发展壮大，否则只能被别人牵着鼻子走。从此，在与汾酒厂继续“合作联营”的同时，“借鸡孵卵”“借船出海”的思路日渐明晰，品牌兴企，自主发展的决心愈发坚定。

众所周知，汾阳是白酒生产之乡，白酒市场竞争激烈，一个小企业的产品想上市场是要冒极大风险的，但是神泉人却硬是这样去做了。高云河厂长带领神泉酒厂领导一班人，从

红高粱酒

红高粱酒

市场分析入手，准确定位，大胆创新，确立了生产面向大众消费的中低档产品，让老百姓用较低价格喝上像汾酒一样高品质好酒的办厂方针。

产品定位后，高云河带领技术人员开始研发新产品，设计商标图案，定制装酒容器。他以建厂之初厂长王笃金倡导和实施的用其他酒厂转让的“魏峪泉”牌为注册商标，受到当年张艺谋导演的电影《红高粱》的启发，利用红高粱纯洁厚重的特性，以“黄土地上的高粱红”为创意，设计图案标志推出“魏峪泉”牌红高粱酒。1987年秋天，正值汾阳大地红高粱收割的季节，神泉酒厂“红高粱酒”开始小批量投放市场——神泉酒厂自主品牌创新的脚步迈出了艰难的第一步。

“红高粱酒”刚一上市就受到消费者的青睐，以其酒味香醇、口感绵甜、余香悠长饮誉高粱红遍的黄土地。与此同时，高云河率领的神泉酒厂一班人更加注重质量管理和品牌形象。1991年3月和4月，先后获得“吕梁市全面质量管理合格证”和“山西省企业标准等级证书”。1991年10月，“魏峪泉”牌红高粱酒被山西省质量评定委员会、山西省经济委员会评定为“山西优质产品”。1992年5月，神泉酒厂又获得国家质量技术监督局颁发的“计量验收合格证”。1992年10月，高云河厂长又率队参加中国农业博览会，神泉酒厂参展的53°红高粱白酒荣获“中国农业博览会铜质奖”。1993年9月，在山西首届博览会上，经品酒专家鉴定，神泉酒厂展览的“魏峪泉”牌红高粱白酒又获得“山西省首届农业博览会金奖”。1995年12月，“魏峪泉”牌红高粱白酒再获“山西省乡镇企业质量信得过产品”殊荣。

至此，神泉酒厂以正宗的汾酒酿造传统工艺为依托，凭借着神泉人的开拓创新精神，其知名度、美誉度开始显现，神泉酒厂的“红高粱酒”品牌形象开始在人们的心中生根发芽。“借鸡孵卵”“借船出海”的第一步——“品牌兴企”发展战略初见成效。

历练嬗变

到 1996 年，汾阳老百姓最喜欢喝的酒除了“汾酒”就要数“红高粱酒”了。“红高粱酒”以其纯正价廉被汾阳乃至周边县市的消费者接受认可。汾阳人品尝着峪道河神泉水系酿造的“红高粱酒”，欣赏着张艺谋导演的《红高粱》电影，鞭策和激励着神泉人在改革开放的大潮中不断求索，解放思想，开拓前进。

也许，只有经历艰难曲折，才能淬炼出真正的开拓者。这一年，发生了震惊全国的“文水假酒案”。江泽民总书记亲自批示严办此案。挂着杏花村假牌子的假酒殃及汾阳，致使国人误以为假酒出自杏花村，造成国有名企山西杏花村汾酒厂销量直线下降，与之联营的一些乡镇企业的白酒产销量也受到严重的影响。

在这种空前严峻的形势下，何去何从的问题摆在了神泉人的面前。是继续为汾酒厂“北方烧”加工原酒，还是脱离汾酒厂自谋出路，打出自主品牌“红高粱”另辟蹊径？

当此关口，高云河厂长表现出高屋建瓴的远见卓识，提出继续坚持“两条腿走路”的方针，一方面要信守合同，继续为“北方烧”加工原酒，另一方面必须扩大“红高粱酒”成装产品产量，以更加纯正的纯粮美酒赢得消费者的信赖。

1996 年至 1998 年，在汾阳白酒市场低迷的情况下，神泉酒厂白酒产量逆势上扬，从 450 吨增长到 900 吨。1997 年 8 月，神泉酒厂被中国农业银行评定为“AA 级信誉度企业”。“红高粱酒”在当地消费者心中的纯正品质形象逐步树立起来。

1999 年，汾阳市乡镇企业推行租赁经营机制，峪道河镇党委、镇政府将神泉酒厂租赁予高云河同志经营。经营权的独立，为神泉酒厂注入了灵活运作的活力，高云河厂长大胆改革、精心经营，他内抓管理练内功，外树形象创品牌，视产品质量为企业的生命，坚持“用人品做产品，靠诚信拓市场”的经营理念。为确保白酒的品质，他严把制曲、原辅材料购进、酿造、蒸馏、贮藏、成装、销售各个环节关口，全面推进 ISO 9000 质量管理体系。

2001 年，神泉酒厂与汾酒厂联营合作到期终止，神泉人开始放手大力实施自主品牌创建战略。高云河与神泉酒厂决策层、顾问、专家们经过反复论证后形成共识——“红高粱酒”的确在人们心中留下了“好酒”的印象，但是清香型白酒的主要原料就是红高粱，名字太通俗，谁都可以用，作为注册商标没有显著特点；更重要的是作为品牌，文化内涵、历史底蕴不深，过于通俗、原始。几经讨论，大家把目光聚焦在峪道河得天独厚的自然景观“马跑神泉”上来，何不利用现成的地方文化作为历史背景打造品牌？本来“红高粱酒”就是运用峪道河优质地下水酿造而成，加上有内涵的历史文化，历史传说又暗合了企业名称。于是，自然形成了“神泉古酒”的品牌理念：以粮之精华，融泉之灵气，酿琼浆美酒。

决定作出之后，高云河即请来商标设计师设计图案样本，并以“神泉”商标向工商局申请注册，神泉人尝试推出“神泉”牌系列白酒。

2003 年 1 月，神泉酒厂获得 ISO 9000 标准质量管理体系认证；2003 年 8 月，被中国农业银行评定为“AAA 级信用度企业”；2004 年 1 月，经山西省质量技术监督局评定，“神泉”系列白酒达到山西省质量信誉 AA 级标准；同时“神泉”牌商标成功注册，神泉人打造“神泉古酒”品牌步伐加快。2004 年 10 月，“神泉”牌系列白酒被山西省消费者协会评为“消费者指导品牌”产品。

从魏峪泉牌“红高粱”到“神泉”牌神泉古酒，神泉人经历了太多的艰辛。高云河董事长清醒地记着他们在打造“神泉”品牌初期的情景：他与营销人员一个店铺、一个酒店地推广宣传，从汾阳的城市农村做起，说明“神泉古酒”就是当年的“红高粱酒”，让人们品尝，体会口感，一步一步在日趋激烈的白酒市场竞争中占领一席之地。在创立“神泉”品

牌初期，“神泉古酒”秉承“红高粱酒”的优良品质，以高云河为首的一班人坚守“诚信、善行、担当、务实、厚道”的经营理念，精心酿造醇香绵长美酒，先后开发出神泉普古、五年神泉古酒、十年神泉古酒等系列白酒。运作过程中，神泉人通过新产品研发推广、商标注册、著名商标申请、广告宣传、赞助社会公益事业等有效措施，使“神泉”牌系列白酒“神泉古酒”的品牌逐步深入人心。

在品牌兴企的道路上，神泉人从未有丝毫的懈怠。使用峪道河优质的熔岩水，采用最优质的高粱原料，以汾酒传统工艺精心酿造神泉美酒，让百姓喝得起、喝得放心、喝得舒心快乐。从 1999 年开始，神泉酒厂逐步更新设备，改造车间、厂房，狠抓销售队伍建设，逐步拓展销售网络。通过送饭店、送朋友品尝、微利销售等手段，持之以恒，循序渐进，让“神泉古酒”这一新的品牌形象印入消费者心中。当时，熟悉高云河厂长的亲属朋友深信他的酒品如人品，信赖“神泉古酒”的纯正品质，成为“神泉古酒”的首批忠实消费者。更有一批被称之为“古酒队”的古酒饮者朋友在酒店或家宴上推荐“神泉古酒”。2002 年，神泉酒厂独资赞助山西卫视在汾阳举办走进大戏台演出；2003 年，为抗击“非典”捐款；每年组织参加各类糖酒展销会；每年组织经销商旅游观光；多次举办全市性的体育比赛。“神泉古酒”逐渐走上百姓的宴席，走进寻常百姓家，成为大众化饮品佳酿。

高云河为首的神泉人在历练中逐渐成长和成熟，他们脚踏实地，步步为营，稳扎稳打，自我积累，自主创新，走出一条自创“神泉”牌系列白酒的品牌兴企之路。

从 1999 年到 2005 年，在高云河厂长租赁经营期间，“神泉古酒”新产品终于在激烈的市场竞争中逐步站稳了脚跟，在汾阳大众消费的白酒品牌中三分天下有其一，有了较为稳定的消费群体。

2011年春季全国糖酒商品交
山西汾阳展团洽谈签

山西神泉酒业有限公司
神泉古酒

神泉酒业厂商联谊暨古酒促销兑奖会

神泉酒业销售网络图
大同
朔州
忻州
阳泉
太原
吕梁
晋中
长治
临汾
晋城
运城

璀璨升华

伴随着我国经济体制改革的步伐，汾阳市从 2005 年开始对中小型企业进行改制，推行现代企业制度。峪道河镇党委、镇政府顺应历史潮流，将镇办神泉酒厂通过产权置换，由神泉酒厂更名为“山西神泉酒业有限公司”，高云河任神泉酒业有限公司董事长兼总经理。

改制带来生机，改制带来活力。神泉酒业的生产经营和“品牌兴企”战略全面展开，稳步实施。公司加大投入技术改造和扩大产能，改善美化厂区环境，先后建成高标准办公楼 1 座，酿酒车间 2 座，成装车间 1 座，库房 12 座，销售部大楼 1 座，大型贮藏罐 43 个。对公司的办公区、生产区环境进行了绿化、美化。

2005 年，“神泉古酒”被评为“山西省名牌产品”，同年向山西省工商局提出“神泉”牌商标为“山西省著名商标”申请。2006 年，“神泉”牌商标被山西省工商行政管理局评定为“山西省著名商标”。2007 年，“神泉古酒”获山西卫视“名优企业榜上品牌”称号。公司被吕梁市人民政府命名为“创名牌产品先进企业”，被山西省人民政府评为“山西省名优企业”。2008 年，公司获“山西省质量信誉等级证书”，“神泉古酒”再获“山西省名牌产品”称号；公司申报的“马跑神泉传说”省级非物质文化遗产项目获得立项。

2008 年，公司白酒产量增长到 1500 吨。

此后数年，在稳质量、保增长的前提下，神泉酒业的品牌效应进一步提升。公司抓住机遇，深化改革，采取了一系列有效措施：一是以市场为导向，根据市场不同层次的消费需求研发不同层次、不同花色品种的高、中、低档品质和包装的“神泉古酒”。“神泉”牌系列白酒推出了青花瓷瓶、红花瓷瓶、福禄寿喜瓷瓶、浅色坛酒、双胞胎十五年、水晶十五

年、陈香十五年、鸿运一九九九、精品十年、神泉八年、神泉五年、神泉普古等 30 多个品种。与此同时，根据不同要求，成装原酒系列 61°、53°、50°、45°、42° 的白酒，以及神泉竹叶青、神泉白玉、神泉玫瑰等饮品。二是以广告宣传开道。公司每年拿出 50 余万元用于广告宣传。“神泉古酒”字样的广告在山西卫视黄金时段定时播放，“喝神泉古酒，广交天下朋友”的观念深入人心，传遍三晋大地。同时大到平面媒体、高速擎天柱广告，小至水杯、门帘、挂历、灯笼、扑克等生活用品上到处可以看到“神泉古酒”的字样。三是积极投身社会公益事业。2008 年以来，神泉酒业有限公司先后为汾阳的体育、文化、红十字会、慈善总会及周边农村修路、建学校、铺设给排水管网、捐助灾区等，累计捐款、赞助金额达 300 余万元。四是积极拓展销售网络。公司每年参加全国各类糖酒展销订货会，组织经销商学习、培训、座谈、旅游，目前“神泉古酒”的销售网络已遍及全省各地市。五是深入宣传“神泉古酒”文化，让“神泉古酒”这一品牌在与文化结缘中得到升华。2005 年，公司冠名举办汾阳市“酒”字书法大赛；2008 年申报“马跑神泉传说省级非遗传承项目”获得成功；热心乒乓球事业，多次冠名举办汾阳市乒乓球大赛，并组队参赛。2010 年公司建成高标准乒乓球馆，成立“神泉酒业乒乓球俱乐部”，先后多次在汾阳市乒乓球赛事中获得团体奖。公司还邀请刘瑞祥、武毓章、田承顺、刘效孟等文化名人丰富“神泉古酒”文化内涵，提升“神泉古酒”文化品位。田承顺

创作的《神泉古酒赋》寓意深刻；刘瑞祥在《民歌民谣唱民心》一书中专门以“神泉篇”单立章节介绍赞美神泉酒业；山西省文联副主席、省书法家协会主席石耀峰亲笔为神泉酒业题词和书写牌匾。神泉酒业办公楼内在绿色盆景装点下，书法、绘画名作荟萃，珍奇满目，与神泉古酒神韵交融，可谓酒香、墨香融为——文化飘香。

神泉人在热心推进公益善事、文化活动的过程中，神泉酒业的品位得以提升，“神泉古酒”的品牌得以升华。“神泉古酒”不断推陈出新，其知名度、美誉度、影响力与日俱增。目前，公司年生产能力已达到1500吨，贮藏能力增长到5000吨，销售跃至5000万元。近年来，又相继荣获“山西省酒类质量信得过企业”“山西省商标监督管理和实施商标战略工作先进单位”“山西省名牌产品”“山西省守合同重信用企业”等荣誉。

神泉古酒，以酒的品质赢得消费者的信赖；神泉酒业，以人的品格赢得社会各界的赞誉；神泉品牌，必将以精神的力量在与文化融合中得以璀璨！

【附①】

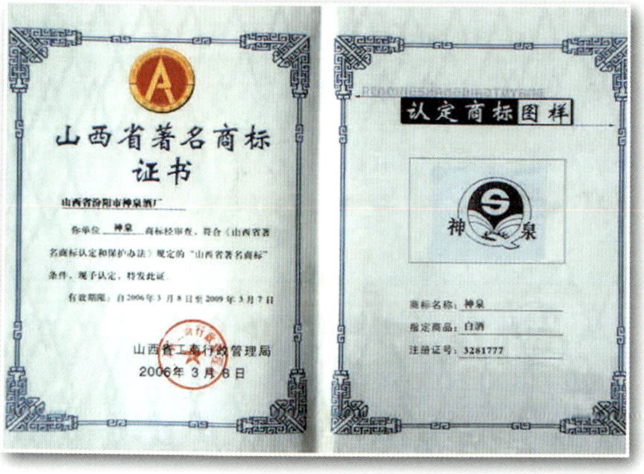
山西省著名商标
证书
山西省汾阳市神泉酒厂
你单位 神泉 商标经审查，符合《山西省著名商标认定和保护办法》规定的"山西省著名商标"条件，现予认定，特发此证。
山西省工商行政管理局
2006年3月8日
认定商标图样
神泉
商标名称：神泉
指定商品：白酒
注册证号：3281777

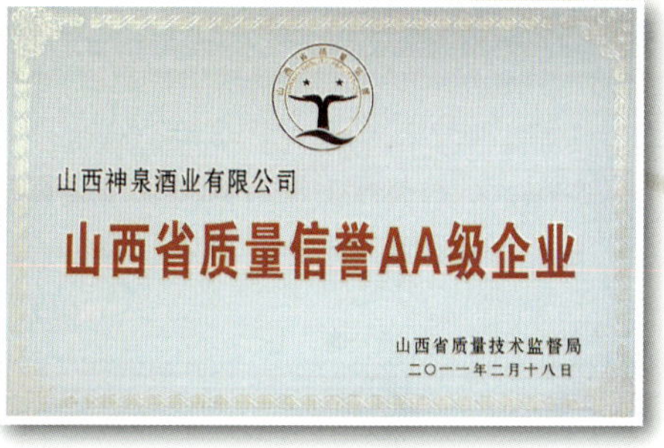
山西神泉酒业有限公司
山西省质量信誉AA级企业
山西省质量技术监督局
二〇一一年二月十八日

CQC
HACCP 认证证书
山西神泉酒业有限公司
中国质量认证中心

（副本）
管理体系认证证书
山西神泉酒业有限公司
GB/T19001-2008 idt ISO9001:2008
白酒的生产
CNAS
IAF
北京大陆航星质量认证中心有限公司

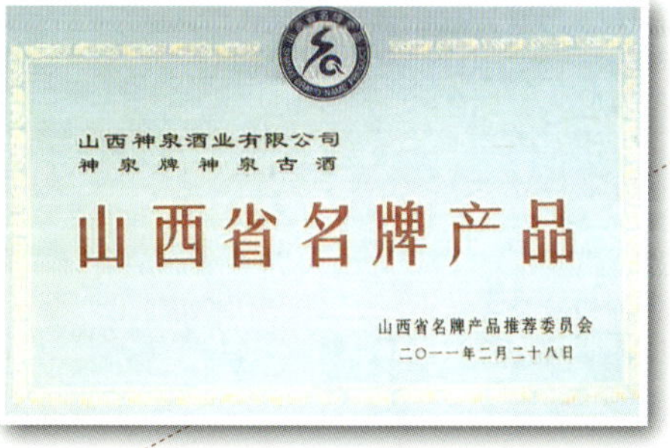
山西神泉酒业有限公司
神泉牌神泉古酒
山西省名牌产品
山西省名牌产品推荐委员会
二〇一一年二月二十八日

神泉牌系列白酒
消费指导品牌
山西省消费者协会
二〇〇四年十月八日

编号：0264
排污验收达标
ZHB
吕梁行署环境保护局
一九九九年十二月

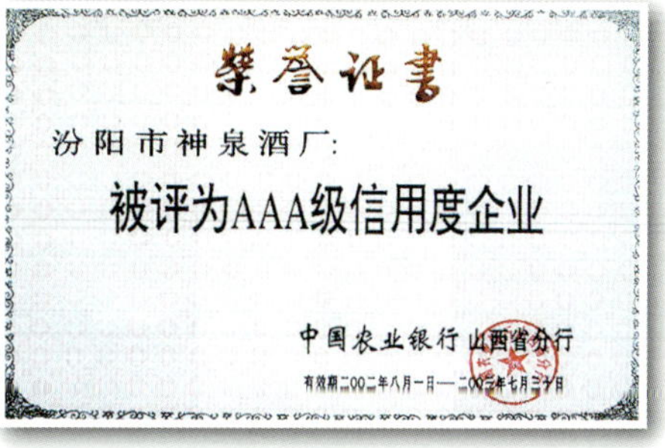
荣誉证书
汾阳市神泉酒厂：
被评为AAA级信用度企业
中国农业银行山西省分行

【附②】

神泉古酒经典产品

青花瓷、红花瓷、福禄寿喜、浅色坛酒、双胞胎十五年、水晶十五年、陈香十五年、鸿运一九九九、精品十年、神泉八年、神泉五年、神泉普古……

青花瓷

福禄寿喜

鸿运一九九九

浅色坛酒

红花瓷

双胞胎十五年

【附③】

神泉酒业历年获得荣誉

年度	授奖名称	颁奖单位
1988	一九八七年度双文明建设先进单位	中共峪道河镇委员会 峪道河镇人民政府
1989	神泉酒厂治保会一九八九年度先进集体	峪道河镇党委、镇政府
1990	一九九〇年度先进集体	中共汾阳县委、汾阳县人民政府
	一九九〇年度先进企业	汾阳县乡镇企业管理局
1991	红旗单位	峪道河镇党委、镇政府
	一级信用度企业	中国农业银行吕梁地区中心支行
	魏峪泉牌红高粱酒被评为山西省优质产品	山西省质量奖审定委员会 山西省经济委员会
1992	红旗单位	中共峪道河镇委员会 峪道河镇人民政府
	一九九一年荣获省优产品	汾阳县乡镇企业管理局
	一九九一年度先进企业	汾阳县乡镇企业管理局
	一九九一年度先进集体	中共汾阳县委、汾阳县人民政府
	文明单位	中共汾阳县委、汾阳县人民政府
	一九九一年度安全环保先进单位	吕梁行署乡镇企业管理局
	一级信用度企业	中国农业银行吕梁地区中心支行
	质量明星企业	汾阳县乡镇企业管理局
	红高粱酒被评为首届中国农业博览会 铜质奖	中国农业博览会
1993	一九九二年度重合同、守信用单位	汾阳县人民政府
	魏峪泉牌红高粱酒荣获山西省 首届农业博览会金质奖	山西省农业博览会
1994	红旗党支部	中共峪道河镇委员会
1995	红高粱酒被评为山西省乡镇企业 质量信得过产品	山西省乡镇企业管理局 山西省乡镇企业质量分会

续 一

年 度	授 奖 名 称	颁 奖 单 位
1996	先进集体	峪道河镇党委、镇政府
1997	明星党组织	中共峪道河镇委员会
	AA 级信用等级企业	中国农业银行吕梁地区中心支行
1998	吕梁地区乡镇企业安全生产综合治理活动先进集体	吕梁行署乡镇企业管理局
1999	一九九八年度纳税超百万元单位	中共汾阳市委、汾阳市人民政府
	排污验收达标	吕梁行署环境保护局
2000	一九九九年度纳税 50 万先进单位	中共汾阳市委、汾阳市人民政府
	AA 级信用度企业	中国农业银行山西省分行
2001	二 OOO 年优良客户	中国农业银行汾阳市支行
	二 OOO 年度发展乡镇企业突出贡献奖	中共汾阳市委、汾阳市人民政府
	AA 级信用度企业	中国农业银行山西省分行
2002	十佳文明民营企业	汾阳市精神文明建设委员会
	纳税贡献奖	中共汾阳市委、汾阳市人民政府
	AAA 级信用度企业	中国农业银行山西省分行
	一级信用度企业	吕梁地区行政公署
2003	农业产业化龙头企业	中共汾阳市委、汾阳市人民政府
	纳税先进单位	汾阳市地税局峪道河税务所
	AA 级信用度企业	中国农业银行山西省分行
2004	质量信誉 AA 级标准	山西省质量技术监督局
	先进农业产业化龙头企业	中共汾阳市委、汾阳市人民政府
	消费者指导品牌	山西省消费者协会

续二

年度	授奖名称	颁奖单位
2005	助残扶弱好神泉，美酒美德美名扬	汾阳市社会儿童福利院
	农业产业化先进龙头企业	中共汾阳市委、汾阳市人民政府
	诚信单位	吕梁市消费者协会
	食品卫生先进单位	汾阳市卫生局
2006	体育工作先进企业	吕梁市体育局
	二OO五年度荣获山西名牌产品	中共汾阳市委、汾阳市人民政府
	山西省著名商标	山西省工商行政管理局
	农业产业化先进龙头企业	中共汾阳市委、汾阳市人民政府
	先进基层党组织	中共汾阳市委
	先进基层党组织	中共吕梁市委
	保持共产党员先进性教育活动先进集体	中共吕梁市委
2007	2006 年度酒类经营先进单位	吕梁市商务局
	2007 年山西卫视民优企业上榜品牌	山西省食品科学技术学会
	食品卫生先进单位	汾阳市卫生局
	模范单位	中共汾阳市委、汾阳市人民政府
	树质量信誉先进企业	吕梁市人民政府
	创立山西省著名商标单位	吕梁市人民政府
	创名牌产品先进企业	吕梁市人民政府
	山西名优企业	山西省食品工业协会 山西省食品科学技术协会

续 三

年度	授奖名称	颁奖单位
2008	兴镇富民贡献奖	峪道河镇党委、镇政府
	诚信单位	吕梁市消费者协会
	山西省名牌产品	山西省名牌产品推荐委员会
	平安单位	中共汾阳市委、汾阳市人民政府
	支持警务建设创建和谐新村	汾阳市公安局
	先进基层党组织	中共汾阳市委
2009	省级非物质文化遗产峪道河马跑神泉传说	山西省人民政府公布 山西省文化厅颁发
2010	二OO九年度慈善工作先进单位	汾阳市慈善总会
	创名优先进单位	中共汾阳市委、汾阳市人民政府
	酒类质量信得过	山西省酒类监督管理办公室
	商标监督管理和实施商标战略工作先进单位	山西省工商行政管理局
2011	山西省质量信誉 AA 级企业	山西省质量技术监督局
	山西省名牌产品	山西省名牌产品推荐委员会
2012	守合同重信用单位	山西省工商行政管理局
2013	先进基层党组织	中共汾阳市委
	支持公益事业博爱奉献奖	汾阳市红十字会
2014	2013 年度市场拓展先进企业	中共汾阳市委、汾阳市人民政府
2015	汾阳市先进基层工会	汾阳市总工会
	支持公益事业博爱奉献奖	汾阳市精神文明建设委员会办公室 汾阳市红十字会

贰

文化神泉

山西神泉酒业有限公司：

吕梁市非物质文化遗产保护协会

LVLIANG INTANGIBLE CULTURAL HERITAGE PROTECTION ASSOCIATION

团体会员证

ORGANIZATION MEMBERSHIP CARD

有效期限 2012年12月至2017年11月　　编号：003

省级非物质文化遗产

峪道河马跑神泉传说

山西省人民政府公布

山西省文化厅颁发

2009年6月

荣誉证书

HONORARY C[R]EDENTIAL

命名高云河为吕梁市非物质文化遗产项目“马跑神泉的传说”的代表性传承人。

吕梁市人民政府公布

吕梁市文化广电新闻出版局颁发

二〇一〇年九月

悠久文化　传承发展

让梦飞翔

——山西神泉酒业有限公司之歌

高云河
张前耀 词
吕欣荣 曲

1=F 4/4
向往地 ♩=94

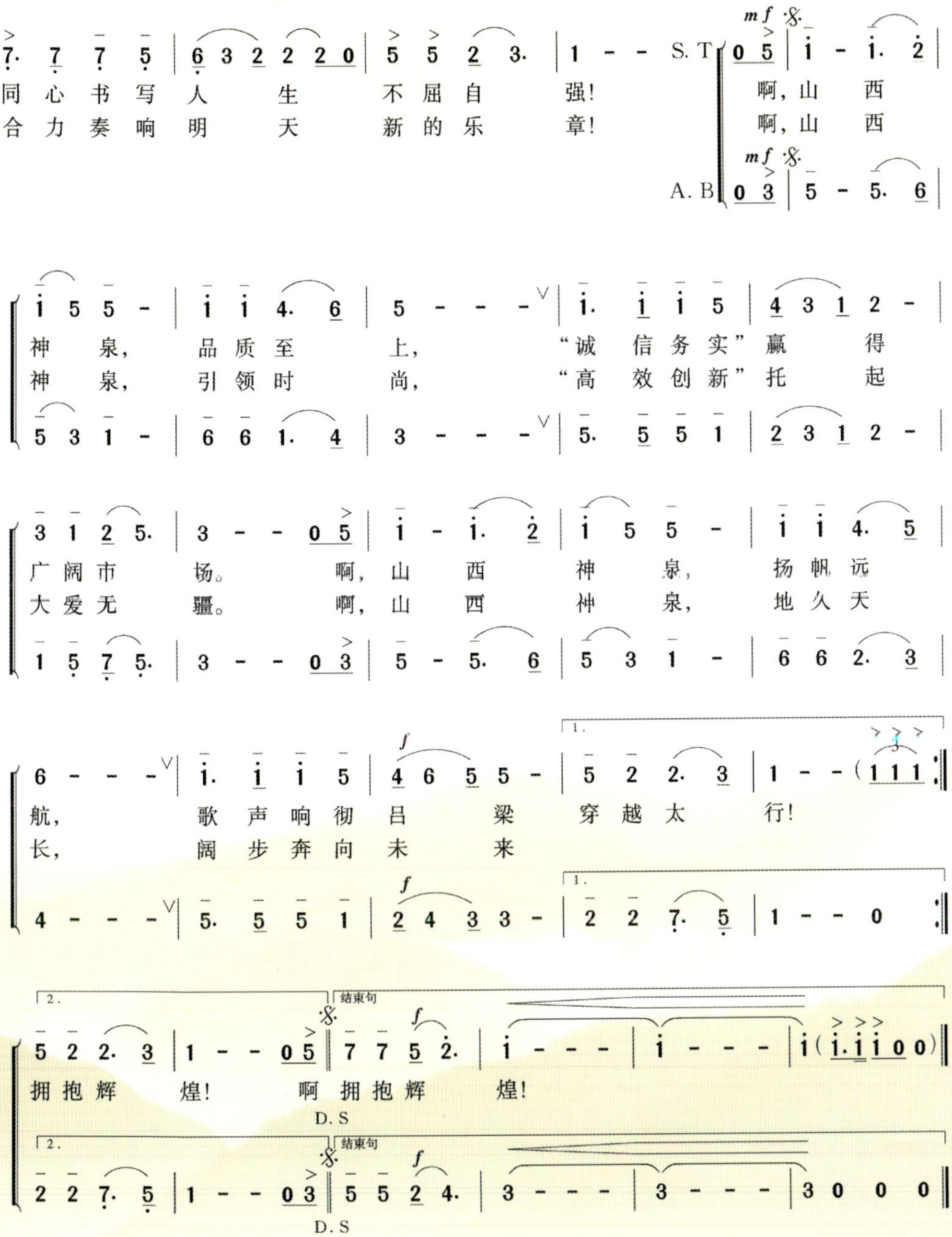

吕欣荣，男，山西河曲人。

供职山西省歌舞剧院，国家一级作曲，山西省音乐家协会副主席。

永远的神泉

女声独唱

1=F 4/4
深情地 ♩=69

杜鹃 张前耀 词　吕欣荣 曲
高旭丽 演唱

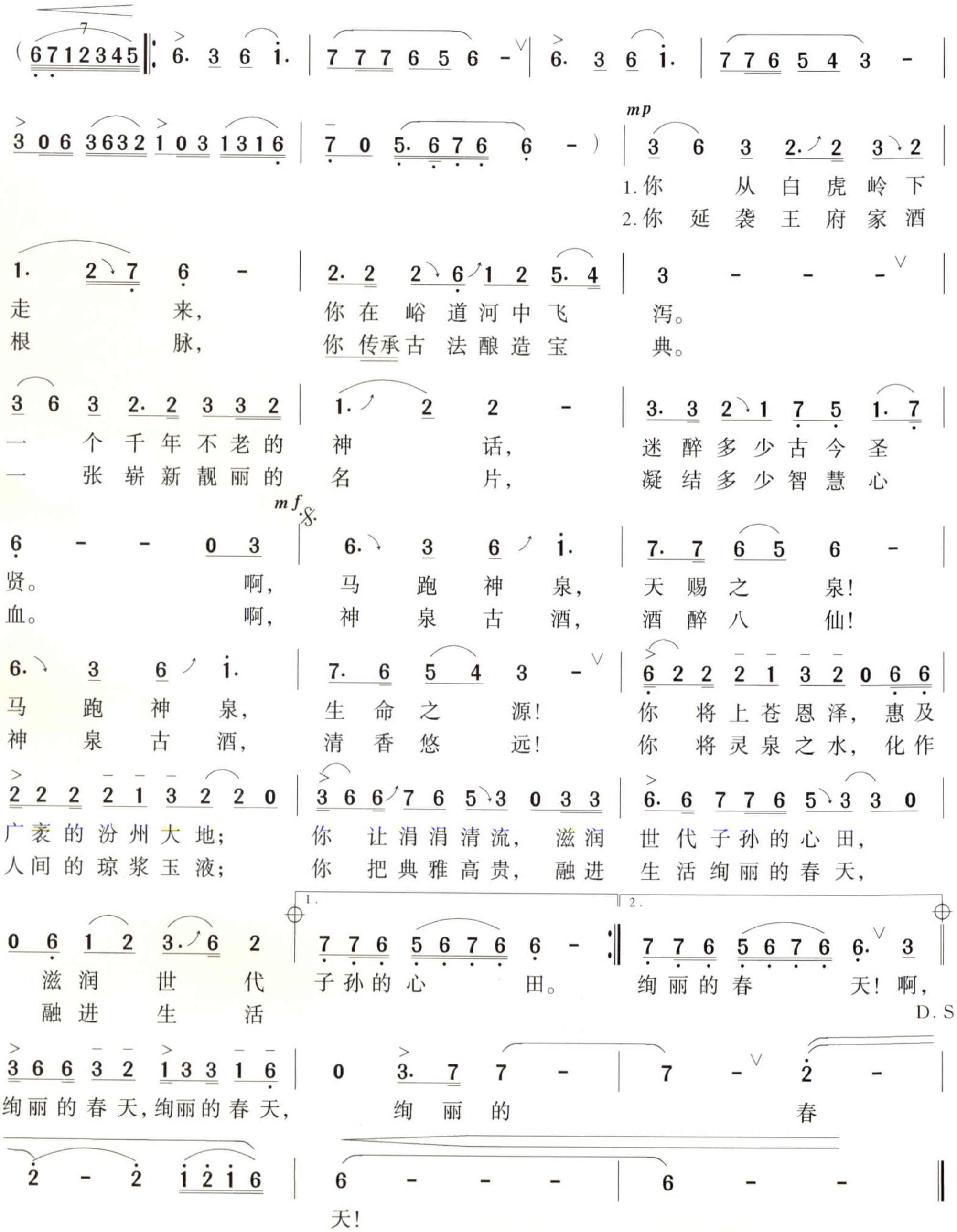

杜鹃，女，山西太原人。供职于山西省儿童医院工会。
高旭丽，女，山西省歌舞院国家二级演员。

物质文化

生产环境

神泉酒业发展30年来，形成了自己独有的管理思想、管理方式、群体意识以及与之相适应的思维方式和行为规范。

企业的生产设施设备有了长足发展。建厂初期，企业仅有1座粮库、1座生产车间、2座发酵车间、1座锅炉房、简易化验室和办公室，占地面积8700平方米。企业发展的前20年，受体制制约，发展较缓慢。2005年改制后，企业进入快速发展的通道。利用季节空闲，每年进行技改扩建，增加设施设备的投入。到2013年，企业拥有发酵车间12个、发酵缸4800个、甑锅4口；配置车间1座，成装流水车间1座，成品库8座，原辅材料库10座，5000平方米制曲车间1座，现代化检测化验室1座，酒罐库2座，地下酒库1座，地面酒库1座，供暖供气系统1座，软化水房1座，机电维修房1座，总占地面积3万平方米。2014年新建成装酒储存库2500平方米。形成了以半机械化生产和拥有千年汾酒手工艺操作的现代化企业。

神泉酒业拥有优越的地理环境，所在地区气候干燥，日照充足，盛产高粱、大麦、豌豆等农作物，是酿酒所需的优质原辅材料。地温、气温和周围丰富的微生物群等条件，非常适合酒酵母的生长发育。峪道河“马跑神泉”水为岩层溶水，泉水清澈甘冽，是酿酒基液的上等水资源。优良的外部环境为企业生产创造了良好的条件。

神泉酒业重视创建安全生产环境，把安全生产纳入企业管理的重要环节。从机构上设立了安全生产办公室，董事长高云河亲自出任主任。制定出台了“安全生产费用投入和使用管理制度”“安全生产费用使用计划”“员工工伤保险待遇暂行办法”“员工工伤保险条例”“安全生产费用使用台账”。制度建立后，安全费用每年以前一年总收入的2%提取。设立专账，专人管理，专款专用，形成神泉酒业强企夯基和安全生产的长效机制。

公司坚持以“预防为主，安全第一，自我保护”的原则，对安全生产实行有效管理、有计划投入。一是安全健康保护设施的投入。包括车间、库房、机房、作业区的防火、防毒、防护栏隔离操作等设施设备的监控、检测。二是安全教育培训的投入。包括安全培训、安全专题板报、安全宣传稿件、传单等。三是员工劳动保护用品的投入。四是职业危害防治、职业健康的投入。包括职业体检、职业病预防、防暑降温等。五是对压力容器、蒸重等设备设施安全性能的检测投入。六是坚强职业危害警示标识和安全标志的投入。七是应急救援的投入。包括应急救援设施、设备、用品、用具，应急救援培训及演练费用等。通过建立安全生产长效机制，有效保障了企业的安全生产环境。建厂30年来未发生大小人身安全事故。

神泉酒业重视技术力量的培养，采取多种形式对职工进行技术培训。定期组织开展职工生产技术技能培训；生产过程中，车间、班组技术骨干进行传、帮、带技术培训；以出酒率开展劳动技能竞赛；每年进行销售技能、销售知识的培训学习；组织特殊岗位、特殊工种人员参加职能部门、专业机构的培训考核。提升企业职工队伍的技能素养。

2015年6月底，神泉酒业有工程技术人员10人，管理技术人员20人。

【附①】

山西神泉酒业有限公司厂区功能布局图

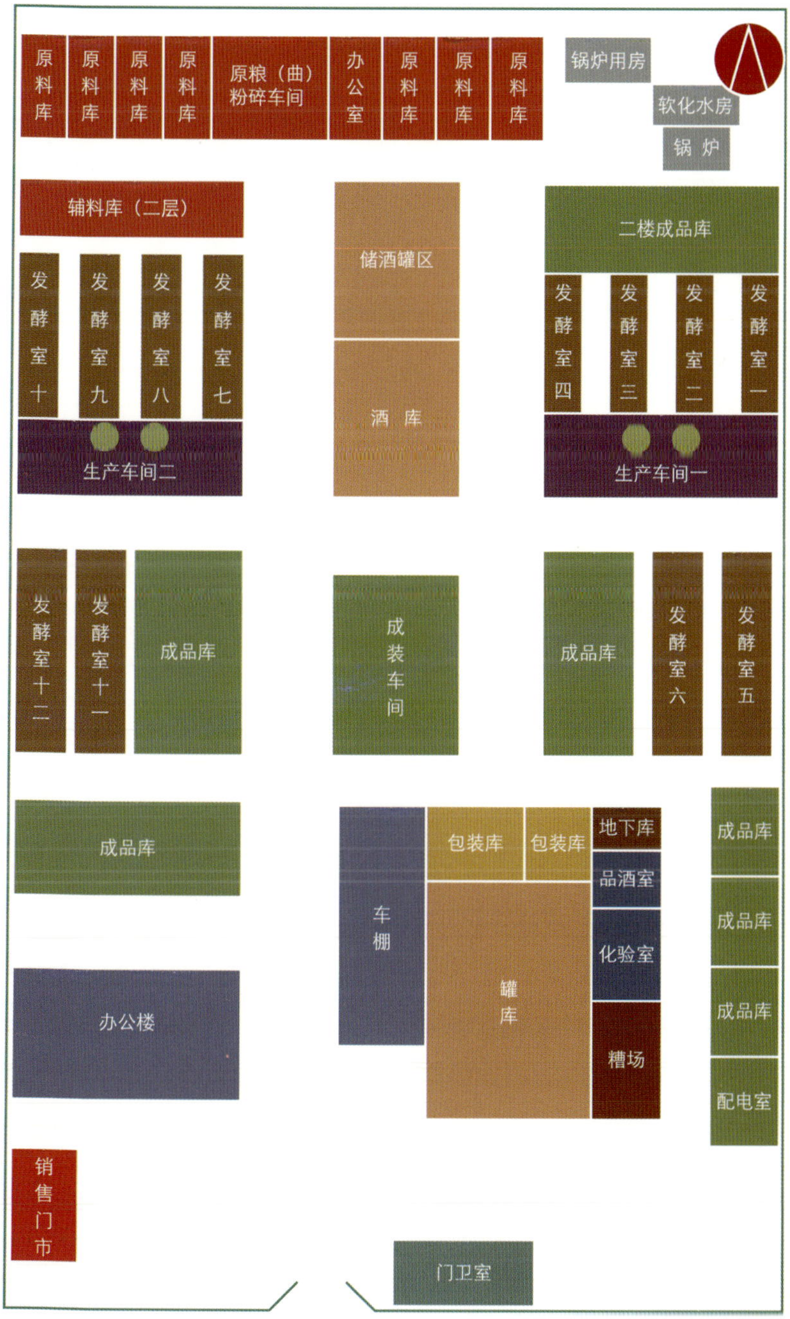

厂容厂貌

神泉酒业改制以来，立足构建“环保厂区、绿化厂区”，坚持实践厂区净化、亮化、绿化、美化的企业卫生环境标准，努力实现“工作岗位标准化，厂区环境卫生舒适化，员工言行文明化”。

神泉酒业为轻工企业，治理污染是企业常抓不懈的重要工作。多年来，先后投资30余万元，购置了治理污水、除尘的设施设备。使生产过程中产生的污染物得到很好控制。每年市环保局监测均达到环保排放要求。吕梁行署环保局授予公司达标排放企业。

公司抓治理污染的同时，把厂区、车间、科室的环境卫生纳入日常工作内容。从机构上设置了“环境卫生科”，负责全厂的环境卫生监督，并制定出台环境监督制度。每年签订各车间、科室环境卫生考核责任状，以月、季、年度进行责任考核，择优奖励。形成了班前班后卫生清理常态化。

为创建清洁环境，公司对厂区进行了全方位无死角硬化，道路两旁栽种了花草树木。新落成的办公楼，门庭植物绿色装点，楼道、办公室名家字画悬挂，洋溢着浓浓的文化气息。

激发员工主人翁意识，提升企业整体形象。公司为每一位员工制订了厂服。厂服从颜色、样式和标识，都进行细微设计，员工的精神面貌得到提升。在重点车间、重点岗位，公司以食品卫生要求与特殊岗位要求出发，为这些岗位制定了符合岗位要求的工作服、防护服，努力达到生产过程中的健康卫生和环境要求。

从厂区的环境规范化要求出发，办公区建造了职工摩托车、自行车停放房，划设了机动车停放车位。生产区车间、原辅材料库、成品库的物品、使用工具都规范摆放、规范保管，既保证了物品的存放安全，同时形成和营造了整洁的生产环境。

广告宣传

▌广告宣传是社会对企业产品认知、文化认知、经营理念认知的重要窗口。也是企业对外传播物质文化、精神文化的重要途径。神泉酒业根植于历史文化之中，从挖掘传承明庆成王府家酒、马跑神泉文化作为立企之本。多年来通过挖掘整理史料记载，申报“马跑神泉传说”非物质文化遗产，逐步形成企业深厚的文化内涵。

2013年，企业投资制作了神泉酒业对外宣传片“神泉酒业——绵长的历史味道”。该片从明代庆成王府家酒的历史记载，“马跑神泉”传说典故，到神泉酒业的传承发展，追溯渊源文脉，诠释了神泉酒业的经营理念。片中写真的画面与厚重的解说，给人以扑鼻的文化气息，使人感触到神泉酒业人追求的精髓所在。画面中一瓶瓶透亮清澈的“神泉古酒”仿佛注入了灵魂，让人意味悠长。通过宣传片的直观介绍，使社会更好地了解神泉酒业的发展渊源，促进消费者对神泉酒业产品的认知。

广告是企业与消费者之间的一座桥梁。企业产品推陈出新需要广告这个平台去向消费者传播告知。广告形式多种多样，企业因地理、因环境、因受众体分布而采取不同的广告形式。神泉酒业多年来采取在电视媒体、平面媒体、标志性建筑物、LED屏、促销会、评酒会等形式宣传企业产品。电视是受众面最广的平台，神泉酒业在山西电视台气象播报栏目进行了长时间的产品宣传。从开发市场需要出发，在各地方电视台投放产

品广告。书籍具有保存、流传的特性。神泉酒业与知名作家刘瑞祥合作出版了“民歌民谣唱民心”著书中专设了“神泉篇”，以顺口溜的形式，对神泉酒业文化、产品、厂貌进行了详细介绍。同时在其他多种书籍、刊物中介绍宣传企业。简约广告利于强化大众记忆，加深印象，企业在青银高速段醒目位置，汾阳市中心广场设立了广告标语、产品图标。重视加强流动广告的宣传，2013 年在孝义市 150 余辆出租车 LED 屏投放产品广告，取得了良好的效应。组织开展产品促销会，建立“神泉酒业有限公司”网络平台，与消费者交流互动，拉近了与消费者的距离。

几年来，神泉酒业在多地组织开展了“神泉古酒”促销会，设立丰厚的奖品，消费者通过品酒、咨询、参加游戏活动，对企业及产品有了更深入的了解。积极参加各种展销会宣传企业，提升影响力。神泉酒业多次参加全国糖酒展销会，在省城太原举办的汾阳农副产品展览会，通过参展扩大了企业知名度和受众范围，为企业开拓新的市场创造了条件。公司积极参与社会活动，传达企业精神。2002 年公司承办了山西电视台“走进大戏台汾阳专场”节目，连续六次独家冠名承办了汾阳市乒乓球十强赛，赞助了吕梁市第二届运动会，组织员工参加市元宵节街头表演，积极参与汾阳市慈善总会、市红十字会的慈善事业。

神泉酒业通过各种平台，多角度、多视野宣传推广企业，以更好地让人从了解企业、认知企业。广告宣传促进了企业物质文化、精神文化建设，同时也全面对外展示了企业形象。

行为文化

企业行为是企业实现目标任务、价值最大化的实践过程，也是实践企业信念、行为规范的具体表现。神泉酒业在创立和发展过程中逐渐形成具有自我个性的企业特色，即打造“精致企业”的经营理念。实践“精致企业”特色文化，需要公司上下统一的认知，并努力提升全员的素质水平，在实践中不断总结、梳理、补充、提炼，达到全员价值共识。通过以领导行为、规范服务行为带动全员行为意识。不断修正员工不良行为，以达到公司既定目标。

企业领导是企业的舵手，是企业实现既定目标的设计者、指挥者。高云河董事长从公司成立以来，坚持以文化促企、科技促企为企业发展方向，以提高公司领导者知识水平、管理水平为要求，践行以领导的表率作用带动员工行为。

神泉酒业领导层是从多年基层工作中选拔上来的领导干部，他们具有扎实的技术能力和工作责任心。但因文化水平相对较低，在实现现代化企业管理的进程中难能充分发挥他们的工作才能。公司从提高领导素质出发，以多种形式加强领导干部的学习培训。一是采取了自我学习、思想交流、走出去请进来等方式，努力提升领导队伍的水平。实践过程中，董事长高云河身体力行，以品行引导干部队伍。作为企业带头人，他用勤劳、踏实、坚韧的品德开展工作，以诚信管理企业。从企业内部管理上，坚持以身作则，要求员工做到的他率先垂范。小到每日影像签到，他必认真执行，大到各项任务落实的奖惩，他必信守承诺。从企业外部关系上，对上级政府以及职能部门的任务要求，他必全力执行配合，勇于承担责任。与相关单位、个人的合作上，他必信守合同，按章办事。他的品行受到社会各界的广泛赞誉，也成为社会对神泉酒业认知的标签。董事长高云河通过自身行为带动影响着领导干部的行为意识。二是加强干部队伍的培训学习，提高整体素质。神泉酒业通过以业务学

习、技能学习、管理培训学习，强化干部队伍的建设。主要表现在以下几方面：公司内部学习培训，以业务考核的形式加强分管部门领导的业务水平的提高；邀请相关部门专业人员来厂培训指导，提高干部队伍的专业技能水平；积极走出去参加专业讲座。2013 年公司组织中层以上干部 45 人参加了常州“总裁风暴”讲座培训。参训人员通过培训学习，开阔了视野，认识到自我修炼提升的重要性，增强了引领团队的信心。

神泉酒业通过不断加强对领导干部队伍的建设，使领导层的业务能力、管理水平、自律性、团队的整体凝聚力不断增强，领导队伍的整体素质有了较大的提升。

模范人物是企业的中坚力量，它体现着企业的价值观和精神力量。神泉酒业在多年的发展中，涌现了许多典型的模范人物。他们都具有吃苦耐劳、踏实肯干的实干精神和勇于创新、锐意进取的开拓精神。同时他们在各自的岗位环境，散发着个人魅力，影响带动着其他员工的行为。2013 年通过职工评议推举的五位劳动模范，在各自的领域做出了不凡的成绩。销售部门张卫东，掌管着公司白酒的进出账务，多年来账务手续无一丝差错，他的特点是坚守岗位，工作积极认真，责任心强。行政部门谭曰图，作为公司车队队长，负责原材料以及产品的拉运工作。他默默无闻，甘于奉献，行车二十多年来，无事故发生。每次执行运送任务，都能保证货物的安全，按时送达。生产部门张映亮、寇永恩，都是一线生产班组的班长，他们各自所带的班组都以出色的生产效能领先其他班组。同时在提高各自班组成员的工作能力上，悉心教导，并以身作则带动班组成员的生产积极性。经营部门贾丽琴，掌管着企业生产的最后关口，她分管的成装车间基本都是女员工。她事无巨细，在严格要求工艺流程操作的同时，还体贴关心车间姐妹。她善于沟通、善解问题，凡事亲力亲为，被誉为“车间姐妹的贴心人”。

“榜样的力量是无穷的。”劳动模范通过他们高尚的品德，出色的业绩，成为员工的旗帜，努力的航向标，示范引领着员工在各自岗位上热情工作，为公司发展提供源源不断的力量源泉。

2013年度先进工作者颁奖词

先进工作者是企业的骄傲，员工的楷模。2013年度神泉酒业有限公司先进工作者，在各自的岗位上，任劳任怨，兢兢业业，出色地完成了各项目标和任务。他们是优秀的基层管理者、部门技术骨干。在企业管理、改革创新方面表现突出，并在各自部门发挥了先锋模范作用，受到员工一致好评。

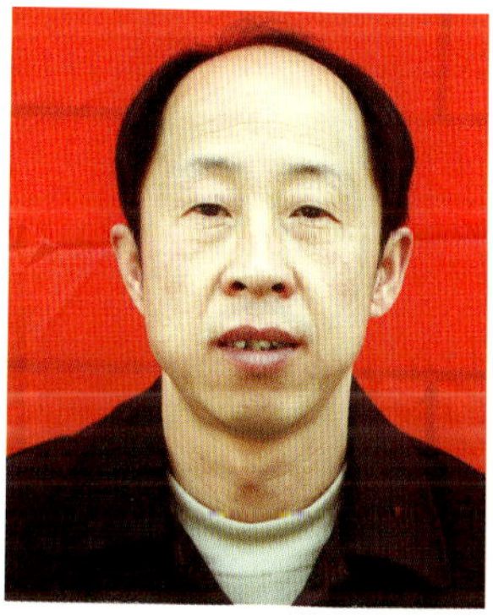

销售楷模——张卫东

一年365天，除了节日假日，不管刮风下雨，寒来暑往，你都始终如一坚守岗位。从来没有耽误过一天，在这个平凡的岗位上，一干就是数十载。枯燥无味的数字密密麻麻，经过你一丝不苟的细心打理，销售、库存数量一目了然，哪怕一瓶酒都能在账目上反映得明明白白。财务报表清晰详细，哪怕一分钱在你这里都是神泉的财富。你用自己的敬业精神，诠释着神泉酒业的明天。张卫东，严谨是您的特征。

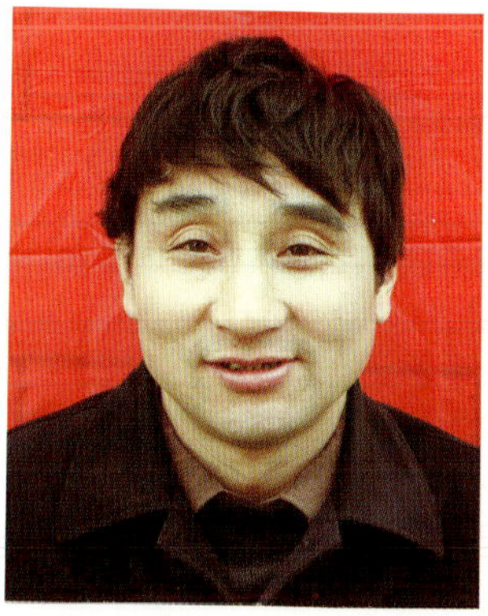

生产楷模——张映亮

你来自公司最苦最累的部门之一——酿造车间。多年来，一直默默无闻，甘于奉献。对待自己的岗位，从无怨言，从无叹息，只有不停忙碌的身影。过去的2013年，你勤勤恳恳，埋头苦干，热心指导新员工，履行承担着传、帮、带的责任，赢得了班组成员的尊敬和认可。虽然你当班长只有短短四年，却在年终的评比中连续三年蝉联第一名。张映亮，表率是您的标签。

生产楷模——寇永恩

你是企业生产一线员工中的佼佼者,工作中态度认真,踏实肯干,责任心强,管理能力强,在工作中总起表率作用。你用一季青春,火一般的热情,坚守岗位24年。你带领的班组,连续三年酿造成绩名列前茅。寇永恩,敬业是您的印记。

经营楷模——贾丽琴

你带着满腔的热情努力工作,除了付出还是付出。你已经把神泉酒业当成了自己的第二个家!作为车间主任,你身先士卒、以身作则。洗瓶、灌装、封盖、灯检、贴标,直到最后的封箱,每一关口你都严格管控,确保装箱的产品合格;作为员工,你兢兢业业、任劳任怨,积极主动地完成所有任务。车间里有时会有请假的同事,你都会合理调配,妥善安排,确保成装车间正常运行。你是车间姐妹的贴心人,更是神泉酒业不可缺少的优秀管理干部。贾丽琴,奉献是您的精髓。

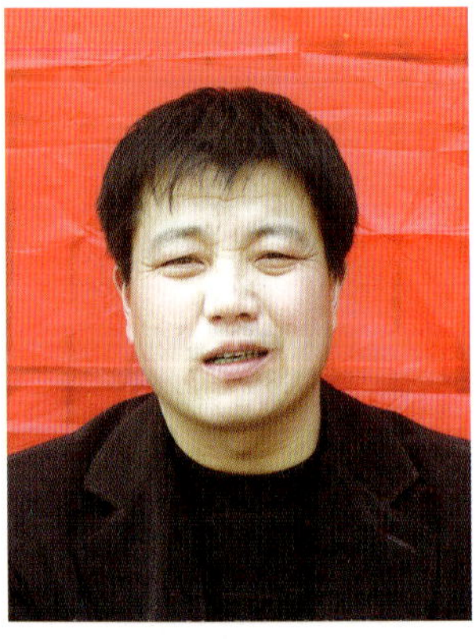

车队楷模——谭曰图

送货的路途有多远,你的足迹就有多远。行车中有泥泞,有坎坷,你手握方向盘,时刻把安全记在心上。在安全行驶的二十多年中,你从不畏惧寒来暑往,从不畏惧风雨雪霜。送货的路途,塞车会久一点,红灯会多一些,但你一定会克服困难,将货物按时安全送到客户手中。你是经销商和神泉酒业的纽带。因为有你,经销商放心;因为有你,神泉人放心。因为你懂得,这车承载着神泉人的希望。谭曰图,您架起的是一条神泉酒业与消费者沟通的桥梁。

人际关系

企业的人际关系，关系着企业的发展。处理好企业内部、外部关系，有利于企业形成良好的发展环境，有效减轻企业经营管理的压力。

企业内部良好的人际关系是落实企业目标、任务、制度的重要保证，也是形成企业凝聚力、向心力的重要条件。神泉酒业在多年的发展过程中，重视领导与领导之间的沟通协作、部门与部门之间的协调配合、员工与员工之间的互帮互助，利用多种形式建立企业上下一致的全员意识，努力形成思想统一、步调一致、能打硬仗的职工队伍。

建立互通机制，促进领导之间的沟通与信任。公司以董事长办公会议、民主生活会、茶话会等形式建立沟通平台，加强领导间的沟通交流，确立思想统一、行动统一意识。形成人格上相互尊重、相互理解；工作中相互协作、相互监督；生活中相互帮助、相互提携的良好人际关系，充分调动领导的工作积极性，努力形成领导班子强大凝聚力。

部门之间的人际关系，影响着企业生产过程能否顺利进行。公司制定了部门岗位职责规范职工行为，培养职工的主人翁意识，加强职工爱岗敬业教育。在部门团队建设上，以目标任务考核为激励机制，以岗位业绩评估员工绩效，创建团队成员有效沟通、互动的工作环境，努力使团队之间真诚合作、和谐工作，从而形成合力，提高效能，保证公司决策的顺利进行。

“以人为本”是现代企业管理的根本思想，创建人与人之间的和谐环境是企业管理的重要环节。神泉酒业坚持以人性管理出发，树立“员工是企业的根本”的观点，尊重员工的正当权益，把尊重员工、理解员工、关心员工放在重要位置。一是建立基本制度。公司建立健全以职工代表大会为基本形式的民主管理制度，保障职工的民主权利，吸引员工参与民主管理。加强工会组织建设，使工会成为公司领导与员工之间沟通的桥梁与纽带。二是协调各种关系。公司领导在处理各种关系上采取了民主的、疏导的、说服教育的方式，充分尊重员工的自尊心，尊重员工的人格，使员工在处理部门之间、岗位之间、员工之间的关系时能够以秉公无私的原则，相互促进、相互沟通。三是坚持公开公正。公司领导在经营管理中坚持公平公正的原则，对每一位员工，无论何种岗位，哪种职位，都以公司制度为标尺，依靠公心奖罚分明。四是开展劳动竞赛。公司采取多种形式，开展产量竞赛、技能竞赛、节能降耗竞赛以及全员劳动卫生竞赛。竞赛促进了员工之间的交流，增进了员工之间的团结，调动了员工的生产积极性。五是创建娱乐环境。公司在办公楼开设职工活动室，购置了乒乓球台，满足职工工作之余活动要求。同时组织职工积极参加汾阳市体育、文艺活动。努力为职工创建释放心情的平台，营造快乐工作的环境气氛。六是提高福利待遇。公司从保障员工的利益出发，根据行业需求，对特种工种配备有特种劳保，员工每月发放毛巾、洗衣粉、手套等劳动保护用品，每逢传统节日为职工发放节日福利。设立了质量奖、超产奖、安全奖等奖励项目，提高员工工资水平。为员工缴纳保险，解决员工后顾之忧。为全体员工制作厂服，激发员工的主人翁意识。每年年终总结会后，安排员工聚餐，营造企业“家”的浓厚气氛。

神泉酒业在建立企业内部和谐人际关系中，秉承“讲信修睦”的原则，努力实现员工与员工之间的相互促进、相互帮助，真正使员工愉悦工作，从而使他们用饱满的爱企热情，主动积极的工作态度，出色地完成各项工作任务，促进企业不断发展。

建立企业与外部良好关系有利于改善企业的外部发展环境，提升企业自身素质，促进内部管理；也有利于树立企业形象，扩大产品销售，增强竞争力。神泉酒业经过多年实践，以服务社会为己任，努力创建和谐的外部环境，促进企业不断发展。

树立企业社会责任意识，参与社会活动。神泉酒业在生产经营过程中认真遵守政府的法令和政策规定，自觉履行企业应承担的各项义务。为使政府了解企业生产行为，邀请市、镇领导来厂参观指导工作，增进与政府的沟通与了解。常态化邀请市环保局、质监局、食品药品监督局等职能部门，对公司生产环境、

古酒促销兑奖会

员工乒乓球比赛

产品质量进行检查指导、监督管理。神泉酒业地处峪道河镇，属辖镇政府。为镇所在地域承担应负的社会责任，成为神泉酒业义不容辞的职责。公司每次扩建招工，优先解决周边村民的就业问题，还多次出资为峪道河镇及相关村修桥铺路、捐资助学、扶贫助残、解决人畜吃水问题，获得了政府的信赖。

多年来，公司以绿色经营为标准，努力创建绿色经营生产环境。购置了机械化粉粮粉曲设备，配备了自动化成装生产线。设备的更新换代，满足了生产工艺要求，也创造了良好的卫生环境。公司加强对能源、资源的消耗管理，实现节能降耗。投资 30 余万元，购置了排污处理设备设施，栽种花草树木绿化厂区，保护周边生态环境。着眼实现企业绿色经营和绿色发展。

提高服务意识，加强与经销商、消费者的密切联系。经销商是企业的衣食父母，公司采取多种优惠政策扶植经销商，投入巨资在经销商所在地进行广告宣传活动。从电视媒体、平面广告到现场促销活动，以多种形式为经销商创造条件，谋求企业与经销商的共赢。每年年终，邀请各地经销商回公司参加年会，畅谈企业发展战略，解决经销商的矛盾问题，增进了公司与经销商的感情。保护消费者的权益、利益是企业义不容辞的责任。公司设立打假维权科，对市场上假冒公司产品加大了打击力度，同时在产品包装上加贴了防伪标识，使消费者喝到放心产品。公司努力研发新产品满足消费者的需求。多次举办新产品发布及消费者品酒评酒活动，活动中为消费者讲解酒知识，宣传神泉酒文化，帮助消费者提高辨别真伪的能力。活动使消费者了解了神泉人和神泉酒，贴近了神泉人和神泉酒与消费者的距离。

神泉酒业积极参与社会活动，履行企业义务，热衷参与慈善事业。多次和市慈善总会、市红十字会、市福利院捐出善款。受到新闻媒体的报道，获得社会的认可和好评，使公司在社会上树立了良好的形象。

神泉酒业在建立企业人际关系上，积累了宝贵经验，企业的自我约束力、创新能力、沟通能力、服务意识都得以增强，为企业发展创造了良好的环境。

服务行为规范

企业服务行为规范是企业服务质量的重要保证。神泉酒业在长期为广大消费者服务过程中，秉承"诚信"服务宗旨，以真诚之心为消费者服务，以高品质产品赢取消费者信赖。

建立健全市场秩序，促进市场健康发展——

神泉酒业在构建市场销售体系中，把规范市场秩序放在了重要位置。首先，加强经销商的行为规范。经销商是企业销售体系中的重要环节，他们不仅销售企业的产品，而且传播着企业的精神与理念。在选定区域经销商的过程中，除重视经销商的业务能力外，对经销商的知识水平、品德品行也重点考察，努力使选定的经销商能够真正成为代言企业的窗口，传播企业文化的阵地，加强企业与消费者沟通的桥梁与纽带。同时，制定了经销商行为细则，以制度形式，约束规范经销商行为，达到稳定市场秩序的要求。其次，建立与经销商良好的合作关系。从维护经销商的利益出发，以多种形式为经销商提供服务，满足经销商需求，调动他们的工作积极性。对新开拓的市场，投巨资进行电视、平面媒体的广告宣传，营造市场气氛。组织开展神泉古酒品评活动，搭建与消费者零距离互动平台。对相对成熟的市场，委派销售人员与经销商走访销售商店、酒店，认真听取用户意见与要求，并积极整改，满足用户需求。同时，打假维权科要常年深入市场，调查走访，积极维护消费者权益，对销售假冒伪劣产品的不法人员，会同公安、工商执法部门给予严厉打击。同时在产品包装上，增加防假标识，并为大众普及防假标识知识，努力维护公司形象，保障消费者利益。再次，维护商品价格，稳定市场秩序。公司针对企业发展战略以及市场需求，制定产品销售价格。为保障经销商的利益，保护消费者的权益，公司出台市场治理文件，对发生哄抬哄降价格的个别经销商，给予严厉惩罚。维护市场商品价格，有力打击不法商贩假冒伪劣行为。

加强销售队伍管理，规范销售人员行为，提高销售队伍的整体素质——

销售是企业对外的一个窗口，销售人员的行为举止代表着企业的形象，公司要重视销售人员的培训与教育。一是规范销售人员的行为举止。要求销售人员在与经销商和消费者的交流中文明用语，礼貌待人，诚恳听取意见，并善于释疑解难。二是加强业务知识

AURORA
神泉酒业团队赴常州《总裁执行风暴》培训班留念

西神泉酒业安全生产暨质量管理员工培训会
山西神泉酒业有限公司
SHANXISHENQUANJIUYE YOUXIANGONGS

的学习。要求销售人员了解掌握公司的文化、生产流程，熟练掌握公司产品类型及品质知识，深入了解市场需求，做到有的放矢。加强学习，提高自身语言表达能力，使客户能全面了解公司及产品信息。三是培养销售人员对市场的观察能力、预判能力。要求销售人员在学习业务知识的同时，多渠道、多方位了解市场信息。善于总结、勤于观察，做好市场调查记录，达到在困境中为经销商提供建设性意见的要求。

建立产品监督机制，保护消费者利益——

高品质的产品是消费者认知企业、肯定企业的标准。神泉酒业为保障产品质量，使出厂的每一个产品成为消费者放心产品，建立了ISO 9001：2000质量认证体系和HACCP控制程序体系，并对生产过程中的每一个流程实时监控，以确保产品在每一环节达到质量控制要求。同时对出厂的产品制定了“产品召回制度”，若发现市场上公司产品存在品质问题，以批次召回，并进行销毁。同时跟进赔付环节，切实保障消费者的利益和权益。

规范企业服务行为，促进了企业服务质量，拉近了企业与消费者的距离，提升了公司的知名度和影响力，为开拓、维护市场创造了良好的环境。

制度文化

“国有国法，家有家规”，做企业同样有自己独特的行之有效的管理制度。由此，企业方能有秩序，有规范地存在和发展。制度文化是行为文化得以贯彻的保证。

山西神泉酒业有限公司章程

第一章　总则

第一条　公司名称：山西神泉酒业有限公司（以下简称公司）。

第二条　公司住所：汾阳市堡城寺村。

第三条　公司的组织形式，有限责任公司，具备法人资格，公司实行独立核算，自主经营，自负盈亏，并独立承担经济、民事责任。

第四条　公司注册资本为人民币178万元。

第五条　公司由高云河、冯成英二股东共同出资组成，每个股东以其出资数额为限对公司承担责任，公司以其全部资产对公司的债务承担责任。

第六条　公司宗旨：以发展社会主义市场经济为向导，按照市场需求，自主经营生产，不断提高经济效益，为我国现代化建设服务。

第二章　经营范围

第七条　经营范围：白酒生产、成装、销售。

第三章　股东姓名、住所、出资方式及出资额

第八条　公司股份总额为人民币178万元，由二位股东出资组成。其中高云河，住所：汾阳市峪道河镇，以人民币151万元投资入股，占投资总额的84.8%；冯成英，住所：汾阳市峪道河镇安乐庄村，以人民币27万元投资入股，占投资总额的15.2%。

第九条　各股东出资缴纳期限为二〇〇三年二月二十八日，认缴资金投入公司后，不得抽回，公司登记注册后向各位股东签发出资证明书。

第四章　股东的权利和义务

第十条　公司的出资人为公司的股东，股东按出资额在公司享有权利，承担义务。股东享有下列权利：

1. 参加股东会，并按照出资额享有表决权；
2. 了解公司的经营状况、财务状况；
3. 依照法律、法规和本章程规定获得股利，转让出资；
4. 优先购买其他股东转让的出资；
5. 优先认购本公司新增注册资本；
6. 公司终止后，依法分得公司剩余财产；
7. 本章程规定的其他权利。

第十一条　股东承担下列义务：

1. 按章缴纳所认缴的出资；
2. 依其所认缴的出资额承当公司的债务；
3. 公司登记注册后，不得抽回出资；
4. 维护公司的声誉、利益，不得从事有损于公司形象和利益的活动；
5. 本公司章程规定的其他义务。

第五章　公司转让出资和变更注册资本

第十二条　股东之间可以互相转让其部分出资。股东向股东以外的人转让其出资时，须经全体股东一致同意。其他股东在同等条件下对转让的出资有优先购买权。

第十三条　公司增加注册资本应当由股东会议作出决议，股东对新增注册资本额有优先购买权。

第十四条 公司因特殊情况必须减少资本时（减少后的资本金不得少于公司法规定的最低数目），必须编制资产负债表及财产清单，公司应当自作出减少注册资本决议之日起十日内通知债权人，并于十三日内在报纸上至少公告三次，公司减少注册资本时须由股东会议作出决议。

第十五条 股东转让出资，公司变更注册资本和变更经营范围须修订公司章程，向原登记机关申请变更登记。

第六章 股东会

第十六条 本公司股东会由二股东组成，股东会为公司的最高权力机构，依照本章程行使职权。

第十七条 股东会行使下列权力：

1. 决定公司的经营方式和投资计划；
2. 选举和更换执行董事，决定有关执行董事的报酬事项；
3. 选举和更换由股东代表出任的监事，决定有关监事的报酬事项；
4. 审议批准执行董事和监事的报告；
5. 审核批准公司年度预、决算方案，利润分配方案和弥补亏损方案；
6. 对公司增减注册资本，股东转让出资及公司的分立、合并、终止和清算等重大事项作出决议；
7. 对股东向股东以外的人转认出资作出决议；
8. 修改公司的章程；
9. 公司章程规定的其他职权。

第十八条 股东会每季召开一次。股东会议由执行董事主持。

第十九条 股东会议由股东按出资比例行使表决权。

第二十条 股东会议应当在会议召开十五日以前通知全体股东，股东会应当对所议事项和决定作出会议记录，出席会议的股东应当在会议记录上签名。

第二十一条 本公司不设董事会，设一名执行董事，任期三年。执行董事由股东会选举和罢免。执行董事行使下列职权：

1. 负责召集股东会，并向股东会报告工作；

2. 执行股东会决议；

3. 决定公司的经营计划和投资方案；

4. 制定公司的年度财务预决算方案；

5. 制定公司利润分配方案和弥补亏损方案；

6. 制定公司增加或者减少注册资本的方案；

7. 拟定公司合并、分立、变更公司形式、解散方案；

8. 拟定公司内部管理机构的设置；

9. 聘任或者解聘经理，根据经理的提名，聘任或者解聘公司副经理、财务负责人，决定其报酬事项；

10. 制定公司的管理制度。

第七章　法定代表人

第二十二条　公司法定代表人由执行董事高云河担任。

第二十三条　公司变更执行董事，法定代表人也相应变更，并向原登记机关申请变更登记。

第八章　经理

第二十四条　本公司设经理一名，由高云河兼任，对全体股东负责，并行使下列职权：

1. 主持公司的生产经营管理工作；

2. 组织实施公司年度经营计划和投资方案

3. 拟定公司内部管理机构设置方案；

4. 拟定公司的基本管理制度，规章；

5. 提请聘任或解聘公司副经理，财务负责人；

6. 聘任或解聘其他负责管理人员；

7. 公司章程和执行董事授予的其他职权。

第九章　监事

第二十五条　本公司不设监事会，设一名监事，由股东会选举出任，任期三年。监事行使下列职权：

1. 参加股东会会议，报告自己的工作；

2. 检查公司财务，审核查阅公司的会计报告和其他财务会计资料；

3. 对执行董事执行公司职务时违反法律、法规、公司章程行为进行监督；

4. 当执行董事的行为损害公司的利益时，要求执行董事予以纠正；

5. 提议召开临时董事会；

6. 公司章程规定的其他职权。

第十章　财务管理

第二十六条　公司按照国家法律法规规定制定财务、会计制度。

第二十七条　公司在每一会计年度终了时制作财务会计报告，并向各股东及有关部门送报。

第二十八条　公司按照国家有关法律法规规定办理税务登记缴纳税款和其他费用。

第二十九条　公司税后利润分配顺序：

1. 弥补亏损；

2. 提取10%的法定公积金；

3. 提取5%的法定公益金；

4. 按股东投资比例分配股利。

第三十条　提取的法定公积金达到注册资金的50%时，可不再提取。

第三十一条　法定公积金只能用于弥补亏损，增加股本。

第三十二条　法定公益金用于公司职工的集体福利。

第三十三条　公司亏损时，不得分配利润。

第十一章　劳动管理

第三十四条　公司职员均实行聘用制，报酬与其工作效率挂钩，多劳多得。

第三十五条　公司必须保护职工合法权益，加强劳动保护，实现安全生产。公司职工必须遵守公司章程，维护公司利益，做好本职工作。

第三十六条　公司有辞退职员权利。职员要求辞退者，应提前一个月呈递正式辞职报告，未经批准擅自离职者，承担由此造成的公司损失。

第十二章　公司合并与分立

第三十七条　公司合并、分立应当由公司的股东会作出决议。

第三十八条　公司合并应当由合并各方签订合并协议，并编制资产负债表及财产清单，公司应当自作出合并决议之日起十日内通知债权人，债权人自接到通知书之日起三十日内，有权要求公司清偿债务或者提供相应的担保。对债权人合理要求，公司应积极承办，公司合并时，各方合并时，各方的债权、债务由合并后的公司承担。

第三十九条　公司分立，其财产作相应的分割。公司分立时，应编制资产负债表及财产清单，并自作出分立决议之日起十日内通知债权人，债权人自接到通知书之日起三十日内，有权要求公司清偿债务或者提供相应的担保。对债权人合理要求，公司应承办。

第四十条　公司合并、分立，登记事项发生变更时，依法向工商行政管理机关办理变更登记。

第十三章　终止和清算

第四十一条　公司有下列情形之一的可以终止：

1. 公司章程规定的营业期限届满或者公司章程规定的其他解散事由出现时；
2. 股东会决议解散；
3. 因公司合并或者分立需要解散。

第四十二条　公司按照前条第 1 项、第 2 项规定解散的，应当在十五日内成立清算组织，清算组织由股东组成，并于成立日起十日内通知债权人。

第四十三条　债权人应当在接到通知书之日起三十日内，向清算组织申报其债权，逾期未申报的按自动放弃债权论处。

第四十四条　公司决定清算后，不得从事与清算无关的活动，未经清算组织同意，不得自行处理公司财产。

第四十五条　清算组织在清算期间行使下列职权:

1. 清理公司财产,分别编制资产负债表和财产清单;

2. 通知债权人;

3. 处理与清算有关的公司未了结的业务;

4. 清缴所应缴纳的税款;

5. 清理债权、债务;

6. 处理公司剩余财产;

7. 代表公司进行民事诉讼活动。

第四十六条　公司终止时的财产处理,除破产以外,按下列顺序清偿:

1. 支付清算费用;

2. 支付职工工资;

3. 缴纳所欠税款;

4. 清偿公司债务;

5. 按股东出资比例分配剩余财产。

第四十七条　公司清算结束,清算组应当写出清算报告,报股东会或有关主管机关确认,经注册会计师或执业审计师验证报登记机关申请注销登记,公告公司终止。

第四十八条　公司因违反法律、行政法规被依法责令关闭解散的,应依法进行清算。

第四十九条　公司破产时。适用《中华人民共和国破产法(试行)》的有关规定。

第十四章　附　则

第五十条　本章程经股东会通过,并由股东签字后生效。

第五十一条　公司章程的修改须经全体股东一致同意。

第五十二条　本章程的解释权属公司股东会。

第五十三条　本公司的经营期限为 20 年。

第五十四条　本章程共十四章五十四条。

二〇〇三年元月二十日

劳动人事管理制度

考勤制度

为规范公司考勤管理，员工上下班实行影像识别签到制度。

一、考勤基本规则

1. 实行影像识别与部门考勤相结合

考勤工作由办公室专人负责，各部门配合做好考勤过程中的监督和管理工作。

2. 考勤时间

冬季：上午（上班：7：30—8：00，下班：11：55—12：30）

下午（上班：13：30—14：00，下班：18：00—18：30）

夏季：上午（上班：7：30—8：00，下班：11：55—12：30）

下午（上班：14：30—15：00，下班：19：00—19：30）

3. 考勤规定

由办公室为每位员工统一编制考勤号，每天上下班应依次排队进行影像签到，一次未进行影像识别签到者罚款 10 元。

因公外出办事无法返回或忘记影像识别者，次日必须填写出门单说明原因，部门主管确认后由员工本人递交门卫。次日不填写出门单，视同未进行影像识别处理。

员工必须自觉遵守劳动纪律，不迟到、不早退。迟到、早退一次罚款 10 元，迟到、早退又未进行影像识别者罚款 20 元。中途离岗，视同迟到、早退处理。

旷工半天以上者，取消满勤奖金；连续旷工三天或一个月内累计旷工 3 次，给予除名处理。

旷工一次扣除 100 元，两次扣除 200 元，三次扣除 300 元并予以除名。

旷工的扣罚标准，办公室由专人对考勤工作进行全方位的监督与检查、落实，及时协调与处理工作中出现的问题，对严重违反制度者要及时处理。

二、请假、外出手续

员工因公外出，或请病、事假，事先填写《请假单》向部门（车间）办理书面请假手续。特殊情况口头请假事后补办。员工请假二天，由车间主任、科长审批；请假时间超过二天的，由各部部长审批；连续或续请假超过一周需报总经理审批，其他行政管理人员请假超过二天报总经理审批。技术人员和中层干部请假超过二天的须由总经理审批。

《请假单》一式两份，一联交值班门卫后方可离开公司，请假一天扣减一天工资；未办请假手续擅自离岗的作旷工处理。另一联车间、科室留存。

上班时间内，若员工需外出办事，需经部门领导同意方可外出。

三、对不参加影像识别签到的有关部门员工的考勤，由部门制定具体考核细则，公司办公室执行。

四、本制度从2013年9月1日起执行，由公司综合办公室负责组织实施并检查落实。

安全教育培训制度

安全生产教育培训是提高员工安全意识和安全素质，防止生产不安全行为，减少人为失误的重要途径。为进一步增强职工特别是公司中高层领导的安全意识和防护能力，减少伤亡事故的发生，特定本管理制度。

一、公司所有员工都要定期接受安全教育培训，坚持先培训后上岗的制度。公司职工必须保证每年接受一期培训，受教育时间每年平均15个小时以上。

二、安全教育实行厂级、科室车间级、班级三级培训制度。厂级安全教育的主要内容是安全生产基础知识。车间级是本车间的生产性质、主要工艺流程、安全状况及规章制度，班组级安全教育主要内容是，班级工作性质、操作步骤、防护用品性能及正确使用方法等。

三、新入厂职工、调换工种职工及转岗职工执行三级安全教育培训，培训合格方可上岗。

四、研制新产品、使用新设备、新技术时，由该项目负责人会同质检科制定安全技术规程，并对操作人员进行理论讲解和操作培训，考核合格方能上岗操作。

五、特殊工种须按照国家法律、法规、行业标准专业考核合格后，持证上岗。

六、培训形式有内部脱产培训、外出培训、业余培训、现场操作讲解示范培训。

劳动用工制度

一、公司职工均实行聘用制，报酬与其工作效率挂钩，多劳多得。

二、公司必须保护职工合法权益，加强劳动保护，实现安全生产；公司职工必须遵守公司章程，维护公司利益，做好本职工作。

三、公司有辞退职员权利。职员要求辞退者，应提前一个月呈递正式辞职报告，未经批准擅自离职者，承担由此造成的公司损失。

生产经营部门职责管理制度

一、生产部

辖酿酒车间、原辅材料科、动力设备科、保卫科。

1. 酿酒车间

负责生产车间的酿酒全程工作。主要职责：① 做好原辅料配比、入缸、发酵、蒸馏等工艺过程管理及关键控制点，保证生产合格的原酒，出酒率达到技术要求标准。②做好车间生产原始记录、原酒入库交接和卫生清洁、安全防护管理工作。

2. 原辅材料科

负责原辅料的入库、出库管理工作。主要职责：① 把好原辅材料入出库关，对不合格原辅料的供应方有否决权，建立索票索证制度，对无法提供原辅料合格证明者拒绝接收；要保证出入库数据准确，账实相符。②做好库存物品的防霉、防鼠、防虫害和卫生清洁、安全防护管理工作。③对成品酒的出入库管理负总责，并协调相关部门做好管理工作。

3. 动力设备科

负责公司机械设备的安全维护、保养工作。主要职责：① 建立机械设备使用登记台账，了解掌握现有设备的性能、规格、型号、台件数、使用单位。② 做好电气设备、锅炉压力管道的安全维护工作，特种设备必须定期检验，操作人员必须持证上岗，严禁无证作业，违规操作，严防重大事故发生。

4. 保卫科

负责厂区安全保卫工作。主要职责：① 加强安全值班管理，实行 24 小时全天候巡查制度。② 强化门卫安全监管，严格实行带班、值班制度，严防火灾、盗窃等安全事故发生，对火灾盗窃等要及时报告。

二、经营部

辖成装车间、包装材料科、储配科、质检科（化验室、品酒室）、车队、机动杂务组。

1. 成装车间

负责本公司各类产品的成装工作。主要职责：① 按照公司统一安排，在规定时间内完成产品的成装，保证成装过程中产品计量、贴标、数量全部达到合格标准。② 严格控制产品不合格率，不合格产品不出车间。实行绩效挂钩管理制度，对人为造成产品不合格的，要按照相关规定予以处罚。③ 做好成装产品的数据统计和入库交接管理，严把产品质量关口，做到不合格产品不入库；做好领用包材数量、品种、规格、型号等的核对工作，凡不合格者不得使用；做好生产线关键控制点的控制，严禁违反操作规程；做好安全防护和卫生清洁管理工作。

2. 包装材料科

负责包装材料进出的日常管理工作。主要职责：① 凡购进入库的包装材料须经严格核对品名、规格、型号、数量、质量，准确无误后方可入库。② 向供货方索取相关票证、合格证明，对拒不提供相关产品合格证明的有权拒收。对不负责任，失职造成损失的要从严处罚。建立管理台账，做到账物相符，每月盘点库存物品，及时上报；严防库内物品发生鼠虫侵害、霉烂变质。③ 对出库的物品，必须认真核对品名、规格、型号、数量、质量，凡因失职给下一道工序链（或环节）造成损失的，追究相关人员责任，并给予经济处罚。材料保管员要定期清理库内物品，对因标识不全、过期、失效、无使用价值的物品必须及时清点数量，登记上报，经公司领导审批核准后方可处置。要与相关部门搞好协调配合，增强横向纵向联系；加强对库内物品的安全维护和清洁卫生管理，严禁发生安全事故。

3. 储配科

负责酒库的日常管理工作。主要职责：① 强化员工的防火责任意识，严禁携带火源进入库区，严禁吸烟；要经常检查电路、管路，发现隐患及时排除；要对储酒缸、瓮、阀门、接口进行经常性检查，严禁跑、冒、滴、漏现象发生，下班时要及时关闭电源。② 储备酒要分缸进行标识标注，详细标明品名、规格、数量、生产日期；原酒入库、成品酒勾兑要建立台账，登记造册，做好记录，保持原始记录的可追溯性。③ 按照技术操作规范的要求，做好原酒的降度、勾调、过滤和关键控制点的控制；做好酒库的安全防护和卫生清洁工作。

4. 质检科（化验室、品酒室）

负责本公司从原辅料购进到产品出厂全过程的质量监督检验和检测工作。经董事长授权，可行使质量否决权，对产品质量安全负责。主要职责：① 把好原辅料、包装材料入厂的质量关，严禁不合格产品入厂。② 做好原酒入库前的质量检验工作，对储配、勾兑的产品进行随机抽样检验，对成装的产品进行随机抽样检验，抽样检验包括产品理化指标和包装材料、标识标注。③ 严格按照国家标准进行检验，保存保管好检验原始记录和所检验样品，使之有可追溯性。④ 做好检验药品试剂的保管，做到专人专柜保管。⑤ 严格按照操作规程认真细心操作化验室的检验仪器设备，下班时要关闭电源和电器开关。⑥ 品酒勾调要严格执行技术操作规范，最大限度地发挥人的主观作用，保证勾兑质量、品质风格。⑦ 严格执行出厂检验制度，对未经检验或检验不合格的成品酒不准出厂。⑧ 检验人员必须持证上岗，所出具检验数据要做到科学、准确、公平、公正，严禁弄虚作假、篡改检验数据和未检验出具数据，否则一经发现要严格追究相关人员责任，造成损失的要给予经济处罚。

5. 车 队

负责本公司的生产运输及车辆维护保养、年审以及相关手续办理。主要职责：① 保证运输车辆的安全行驶，按时完成运输任务。② 严禁无证驾驶，酒后行车，醉酒驾驶。③ 运输过程中要保护好拉运产品，做好产品交接工作，做到凭派车单出车。④ 无运输任务时，不得擅自开车外出。⑤ 定期保养车辆，按规定办理相关手续。

6. 机动杂务组

负责本公司的杂务工作，做好卫生清理和垃圾的倒送。完成领导交给的随机性工作，做好安全防护工作。

三、销售部

辖销售门市部、成品库、本区销售组、外区销售组，要下大力气巩固和拓展消费市场，不断提高神泉古酒市场占有率。

1. 本区销售组

负责汾阳区域内的本公司产品销售工作，做好合同订购，货款回收，产品供应运输等环节的服务管理工作。

2. 外区销售组

负责分管区域内的本公司产品销售工作。做好合同订购，货款回收，产品供应、运输等环节的服务管理工作。

3. 销售门市部

负责公司销售门市部的日常销售业务。做到日清月结，账实相符，及时回收上缴销售款项，为消费者、顾客提供优质服务。

4. 成品库

负责成品库的管理和安全工作。主要职责：①做好产品的出入库管理，做到出入库数据准确无误，账实相符。②做好库存产品维护、清洁工作，保持库内物品堆放整齐、卫生清洁。③做好防鼠防虫害和安全防护工作。④认真核实出入库产品名称、规格、型号、数量，坚持先进先出的原则，搞好协作配合，提供优质服务。

四、市场调研和新产品开发部

负责新产品开发、品牌建设、市场调研、广告宣传、打假维权等工作。

1. 新产品开发组

负责本公司新产品开发工作。主要职责：① 以市场、顾客为导向，有针对性地研发适销对路的新产品投放市场，满足不同消费人群的需求，并保证新产品研发的质量。②要具有新产品包装的前瞻性和预见性，力求做到一流品质与外包装精美的有效结合和统一。

2. 市场信息调研组

负责市场信息调研工作。深入一线搞好本公司在售产品的调研，掌握市场动态，调查了解消费者对公司产品的意见和建议，及时反馈市场信息，为满足市场需求提供可行性报告。

3. 品牌建设与广告宣传组

负责做好品牌建设和广告宣传工作。主要职责：① 充分发挥山西省优质产品名牌效应和山西省著名商标品牌效应，继续扩大产品的知名度，做到用优质产品占领市场，用优质服务赢得广大消费者的认同认知认可，努力把神泉古酒品牌做强做大。② 加大对名牌产品的宣传力度，利用专题宣传、广告宣传、文化建设等多种形式，更好地提高企业形象和产品知名度，真正把神泉古酒打造成消费者信得过的产品。

4. 打假维权组

负责打假和维权工作。主要职责是：加大市场打假力度，与执法部门密切配合，严厉打击假冒神泉古酒的违法行为，维权护法，保护公司和消费者正当权益。

五、财务部

负责公司财务管理工作。主要职责：① 财会人员要遵守财经制度和纪律，遵守国家法律法规。② 财务会计要做好月、季、年报工作。做到账实相符，账账相符，收支平衡，做好统计计划、纳税工作。③ 出纳员要做好现金收支安全工作。做到日清月结，保证资金安全，管理好凭证。④ 完善收支审批手续。⑤ 积极协调相关部门工作，完成随机性工作。

六、综合办公室

综合办公室与考核委员会办公室、企业文化发展战略委员会办公室、质量管理体系建设领导组办公室合署办公。辖公司总务、后勤服务、档案管理、环境卫生等部门。协调各部门的关系，上传下达，提高公司各项决议的执行力；负责公司日常事务和人事劳资管理工作。主要职责是：

1. 考核委员会办公室

对公司重大事项实行全程监督、执行问责；搞好半年、年终、年度目标责任考核，实施奖惩兑现。

2. 企业文化发展战略委员会办公室

制定企业文化发展战略目标、任务和实施方案。结合公司实际，做到分阶段、分步骤、按规划付诸实施。

3. 质量管理体系建设领导组办公室

负责 ISO 9001：2000 质量管理体系和 HACCP 管理体系的建设，并做好推行两个体系的监督管理工作。搞好内审和监督管理评审，使之发挥最大效能，推进企业管理升级。

4. 总务后勤服务组

负责公司各部门的办公用品购置，做好服务性工作和考勤管理工作。强化对公司各项固定资产的管理。

5. 档案管理科

负责公司各项业务的资料归档、整理保存。做好文秘打印管理工作。

6. 环境卫生科

负责公司内部卫生监督管理工作，做好厂区卫生环境的清理工作；督促各部门做好内务卫生清理，组织开展卫生评比活动。

民主建设管理制度

一、 建立健全的公司职工代表大会制度，定期召开职工代表大会，让职工参与管理，保障职工民主权利。

二、 对公司重大问题进行讨论，对企业工作提出意见和建议，监督评议各级管理人员。

三、 健全民主管理档案，定期向职工通报各项工作的落实情况及存在的问题。

四、 每年开展一次民主评议干部活动，每年定期或不定期举办民主对话会。

五、 遵守国家法律、法规及有关规定，签订劳动合同，报送上级劳动行政部门审核，合同生效后，双方要信守合同，依法履行。

六、 定期对职工进行培训，熟知公司规章制度，涉及职工切身利益的奖惩办法、福利要向员工公开，日常遇到重大事项要随时公开。

精神文化

企业精神文化是企业在长期的生产经营活动中形成的群体意识和价值观念，是企业广大员工彼此共鸣的内心态度、意志状态和思想境界。企业精神是企业发展的内在动力，是支撑企业文化的灵魂。神泉酒业历经创业发展，贴近市场导向，推行“以人为本”的管理理念，奉行全员“参与、协作、奉献”的行动指南，逐步形成“诚信、务实、高效、创新”的企业精神，努力达到全员价值观共识，创造良好的企业风气。

一、确立企业文化要素，达到全员共识

2013 年，神泉酒业加大了企业文化建设的步伐，7 月 19 日，公司下发了《关于征集企业文化体系有关要素的通知》，就公司的使命、愿景、核心价值观、文化理念等内容广泛征集员工意见。员工通过参与讨论、提出建议，从思想上对公司的发展有了清晰的认知。通过征集建议，确立了神泉酒业公司神圣使命：“让神泉美酒飘香天南地北，滋润天下朋友的心田”；公司愿景：让神泉酒业成为“充满生机和备受天下朋友喜爱的美酒家园”；以“诚信、善行、舍得、担当、务实、极致”确立了企业核心价值观。神泉酒业在未来的发展中秉承以“中庸诚信的品行”服务社会；以“知恩善行的境界”回报社会；以“有舍有得的胸怀”开拓市场；以“勇于担当的精神”尽职尽责；以“勤恳务实的作风”开展经营；以“追求极致的胆魄”发展企业。通过回顾总结企业的文化精髓和深入探讨未来的企业发展，确立了企业的文化理念，即：“同舟共济，相互成全”的团队理念；“用生命做产品，靠诚信做品牌，凭善心做事业”的经营理念；“做事先做人，人品就是产品”的品质理念；“领导做好服务，下属专注服从”的管理理念；“天上不会掉馅饼，要吃饱肚子全靠你自己去努力”的工作理念；“平庸之辈请你走人，优秀人才保你冒尖”的用人理念；“世界没有免费的午餐，多劳才能多得”的薪资理念；“节约不一定会更赚钱，但不懂的节约的经营一

定会亏了老本”的节约理念。企业文化体系要素的确立，增强了员工对企业文化的认知感，对推动企业文化建设，达到全员共识，起到了决定性作用。

二、开展以人为中心的企业管理，增强凝聚力

员工是企业管理的出发点和归宿点。尊重员工、关心员工，千方百计调动员工的积极、创造性，是神泉酒业始终坚持的管理精髓。体现于：1. 建立职工奖励、福利机制。公司从调动职工的生产积极性出发，制定了“超产奖”、“出酒率奖”“安全奖”“全年奖”等奖项，通过设立奖项，调动员工的工作热情。在员工福利上，以制度形式规定了职工福利待遇。从岗位的劳动保护福利到节日福利品以及年终红包福利，都使员工深刻感觉到公司的关心和身处公司的优越与被尊重感，从而激发员工的主人翁精神。2. 坚持企业民主化管理。员工是公司一线工作者，他们在岗位上有着丰富的实践经验，最了解基层的真实情况，能够为公司提供大量真实有效的信息，为公司制定决策提供依据。公司员工以职代会形式参政议政，建言献计，充分发表他们对公司经营管理上的建议与要求。公司通过征求员工的意见、建议，制定出台经营方案，这种方案与职工的价值观形成高度统一，从而使公司的生产经营计划能够顺利执行。3. 坚持人性化管理。公司

领导者在管理员工队伍中，牢固树立员工是公司“立企之本”。在制度规范约束职工行为同时，尽力创造员工自尊和自我实现需要的良好环境。从工作上耐心指导，帮助员工释疑解难。在生活上体贴关心员工疾苦，帮助其解决困难。从细微处观察员工的工作情绪，帮助其疏导心结，努力创造员工心情愉悦的工作环境。4. 加强职工的培训学习。新的技术和要求需要员工与时俱进，公司在提高员工整体素质上为员工创造多种形式的学习机会，通过岗位技能培训、外出专职培训、脱产组织学习培训等提高职工素质，达到企业发展需要要求。

三、创建良好的工作环境，增强吸引力

神泉酒业在加强职工凝聚力建设的同时，努力为员工创建良好的工作环境。使员工心情舒畅地工作。首先，加强技改扩建，改善员工工作环境。公司从改制以来，每年对老旧生产设施设备进行更新改造。除保留古老酿造工艺外，购置了粉粮、粉曲现代化设备，成装车间现代化流水作业线。员工的工作环境有了较大改善，车间整洁卫生，干净舒适。同时也大大降低了工人的劳动强度，提高了生产效率，职工的满意度逐渐增强。其次，开展岗位劳动竞赛活动，增进员工之间的交流。公司开展以各种形式的劳动竞赛活动，为职工提供岗位交流、互帮互助的工作环境，员工在参加竞赛中提高了自我工作水平，增进了相互之间的了解。通过竞赛，增强了团队的凝聚力、向心力，增进了员工间的相互信任，形成岗位融洽的工作氛围。第三，积极开展文体活动，丰富员工精神生活。公司重视员工的文化生活，努力创造员工释放心情的场所，积极组织员工参加市办群众娱乐活动、乒乓球比赛，在公司办公楼设立了职工之家活动场所，有计划地组织职工外出旅游。通过丰富员工的精神文化生活，使员工感受到公司如家的温暖，有效地激发了他们在岗位努力工作的热情。第四，创建良好的厂区卫生环境，增强吸引

力。厂容厂貌是公众对企业形象的直观印象，神泉酒业投巨资修建办公楼，用彩钢瓦美化车间屋顶，硬化厂区地面，栽种花草树木，规范物品摆放。进入神泉酒业，给人以环境整洁、干净卫生的良好风貌。员工的自豪感、满足感增强。通过创建良好的工作环境，企业面貌发生根本改变。优美舒适的工作环境，吸引着员工更加努力地投入到工作岗位中。

四、培育员工的共同价值观，增强战斗力

价值观是员工行为的标尺,培育员工共同的价值观是企业实现目标的根本保证。神泉酒业在培育员工的共同价值观上主要着力于：一是让员工深入了解公司的发展战略，发展规划。使员工清楚明白公司的经营方向，经营目标，使其在自身岗位上充分发挥工作能量，为实现目标而努力。二是从多种渠道让员工充分了解市场形势。增强员工的市场意识、竞争意识，使员工思想观念与公司决策形成共鸣、形成合力，从意识形态保持高度一致。三是公司制度与员工价值观协调一致。员工努力工作首先是为了获取价值回报，酬劳的多少直接体现着他们的劳动价值。公司在工资分配制度上，采取按劳取酬分配制度，“多劳多得，少劳少得，不劳不得”的分配原则强化了员工“进取”和“劳动”的价值观。四是以公平之心温暖职工人心。领导以公正公平的态度处理解决员工出现的问题，一视同仁，奖罚分明，使职工真正从内心认可领导的工作方法，服从领导的决定，从而形成思想统一的团队气氛。五是树立先进典型，引导职工价值观行为。公司大力宣传模范人物的先进事迹，以模范人物的思想境界、工作作风教育引导公司员工的价值观念，提升员工的世界观和价值观水平。努力形成企业上下团结一致，个个争先的良好风气。通过培养职工价值观，有效地统一职工的思想，提升了职工进取意识、团队意识，增强了企业的战斗力。

五、以诚信服务社会，增强公信力

神泉酒业以企业责任感面向社会，服务于社会，收到了良好的效果。

1. 坚持酿酒手工艺操作原则,保证产品质量。产品是企业面向社会的前沿窗口，是社会大众认知企业的最直接资源。保证产品质量，满足广大消费者的需求是企业生存发展的根本。神泉酒业重视产品的质量品质，坚持以千年汾酒手工酿造工艺组

织生产,以岗位工艺操作制度落实操作水平,以现代化技术手段管控工艺流程的每一个环节。建立了 HACCP 控制体系,保障了生产的各个环节严密精确。使出厂的每一批次产品完全达到出厂标准要求,为消费者提供放心的产品。

2. 奉行公平竞争原则,维护市场秩序。神泉酒业在开拓市场、建立市场环境中以市场为导向,尊重同行,遵守市场规则,坚守商业道德。坚持以高品质产品向市场要份额,坚持以提高服务质量赢取消费者信赖。以诚信向社会传达企业精神。

3. 以消费者为中心,提高服务水平。神泉酒业在长期的生产经营活动中,教育全体员工树立“消费者是企业的衣食父母”的观点,使全员真正认识到消费者是公司生存的前提。重视了解消费者的需求,把满足消费者的愿望作为公司不懈追求的目标。教育员工以“精益求精”的工作态度投身工作岗位,把为消费者提供满意的产品作为每一个员工自己的责任。同时,重视市场调查,加强产品研发水平,满足各类消费者的需求。

4. 开展打假维权,保护消费者权益。公司以打假维权办公室牵头,打击社会不法商贩假冒伪劣公司产品。把保护消费者利益、保护消费者权益作为公司己任,保证消费者在市场上喝到真正放心的“神泉古酒”,满足消费者需要,满足社会需要。

5. 积极参加公益事业,履行企业的社会责任。神泉酒业多年的发展离不开社会的支持与关爱,参与社会、回报社会是企业的责任。积极支持配合政府及职能部门的工作,按章纳税。积极参与社会公益事业,修路建校,捐资慈善。积极保护“马跑神泉”非遗文化,造福后代。积极参与社会文体事业,丰富人民群众文化生活。通过社会服务行为,树立企业形象。

神泉酒业通过开展以“人为中心”的企业管理,努力激发广大员工的主人翁意识。培育他们“爱岗敬业、任劳任怨、创造业绩、体现价值”的价值观念,使他们从被动的工作思维上升到积极自觉主动的工作状态。通过员工积极参与企业管理,建造团队协作能力,增强了企业凝聚力、向心力、战斗力。同时,企业服务社会、奉献社会的行为,使企业真正赢得了社会的支持和尊重。

【附①】

山西神泉酒业有限公司组织结构图

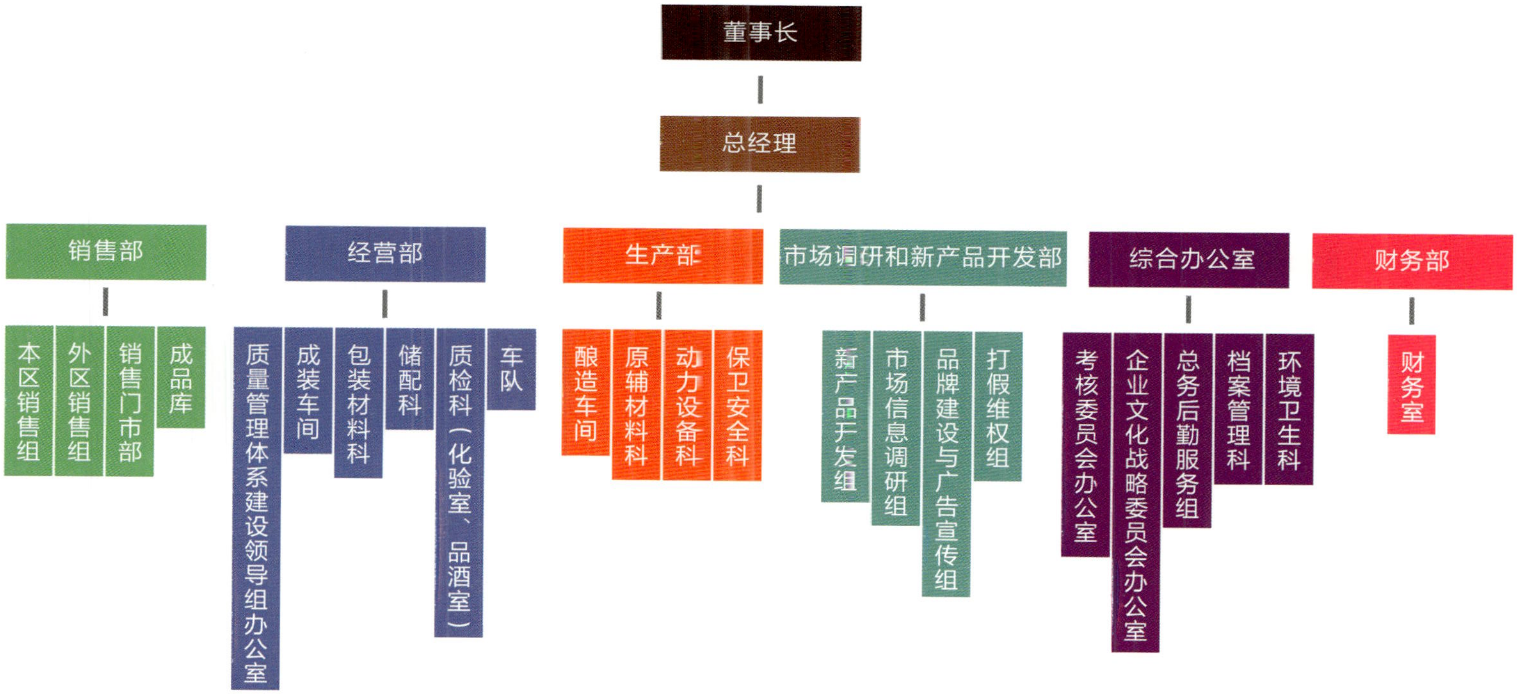

【附②】

山西神泉酒业有限公司企业文化战略委员会组织结构图

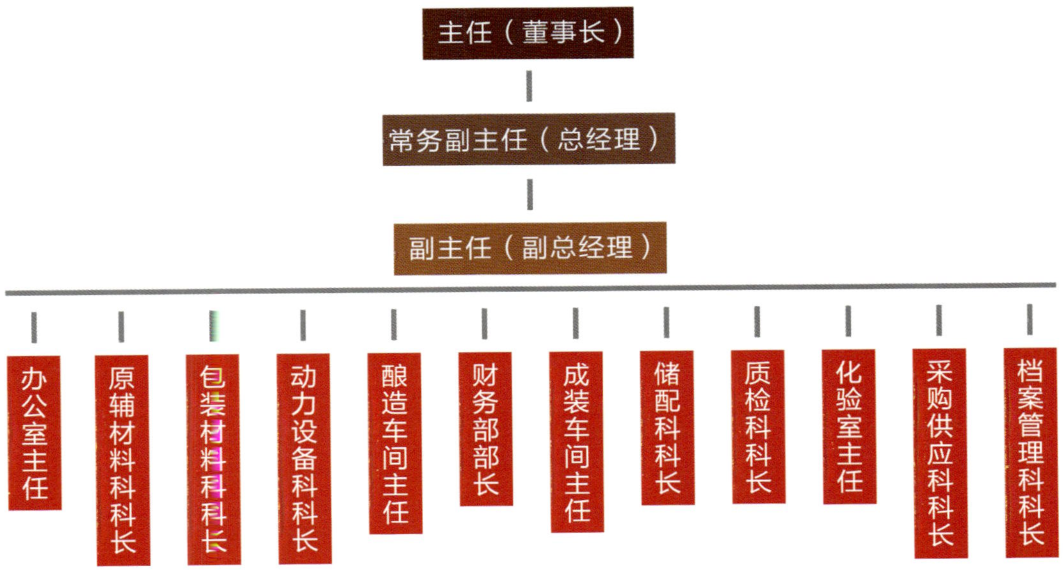

【附③】

山西神泉酒业有限公司考核委员会组织结构图

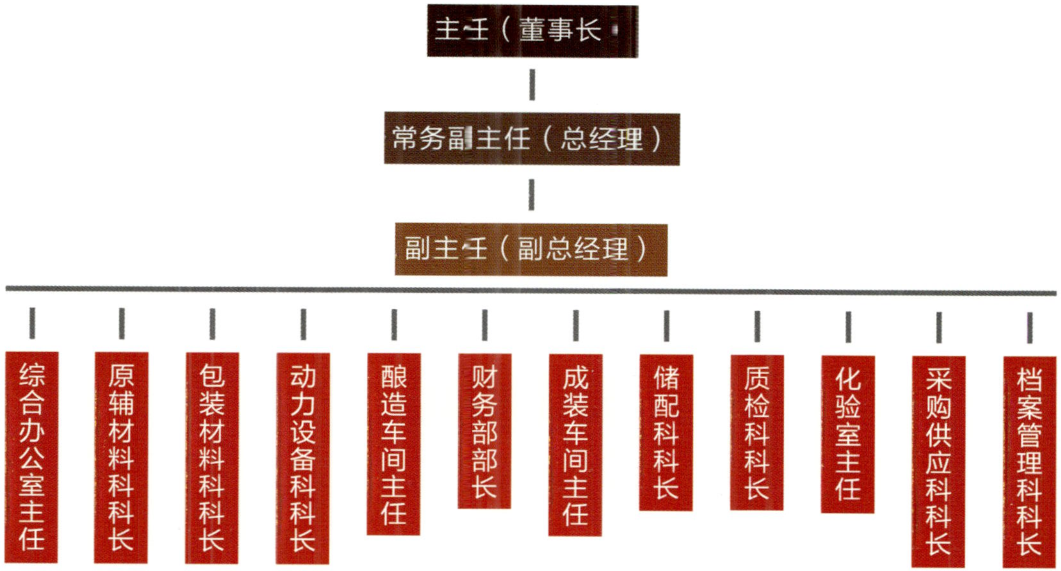

【附④】

山西神泉酒业有限公司安全生产机构图

- 主任（董事长）
  - 副主任（总经理、分管副主任）
    - 原辅材料科科长
    - 包装材料科科长
    - 动力设备科科长
    - 生产部部长
    - 综合办主任
    - 成装车间主任
    - 储配科科长
    - 质检科科长
    - 化验室主任
    - 销售部部长
    - 档案管理科科长

【附⑤】

山西神泉酒业有限公司质量管理体系组织结构图

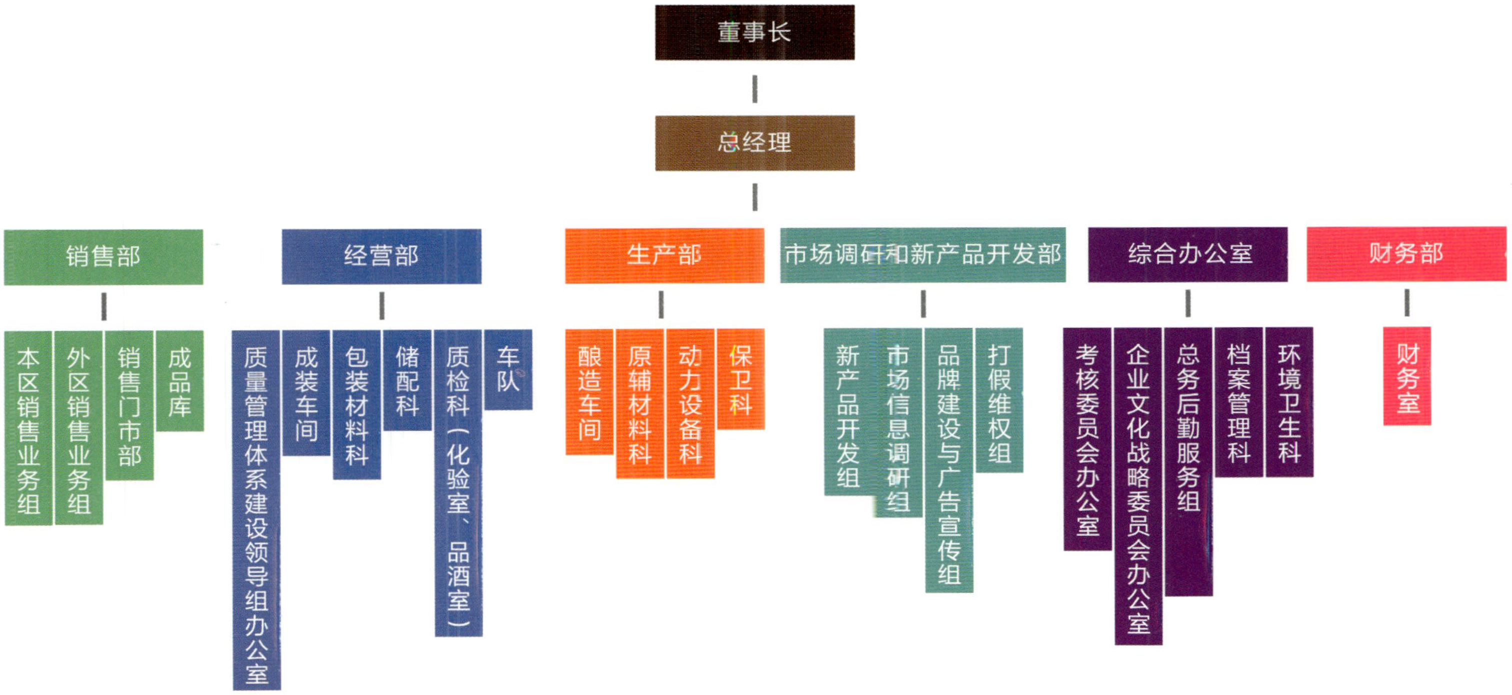

神泉诗画

神泉古酒赋

（一）

◎ 田承顺

盖闻吾华文明，悠久繁富；吾华夏族得以繁衍者，赖拥山河之秀，物产之丰。嗟神泉古酒，托汾清而正本，居峪河以清源，结文根乎原公，广传说于贺鲁。胜迹咏于唐诗，胜景载于汾志。

歌彼胜地，钟灵毓秀。考仰韶遗址，古风可仰；白彪峰峦，峻及九霄。叹神泉之源远，接地脉之幽眇。欣落落之林木，赋萋萋之芳草。赏峪川之禾黍，敬乡民之勤劳。追陶令之遗风，赞古酒之高标。

颂彼酒运，千载承续。乙丑之年，建厂开基。乘风破浪，乡企崛起。峪河神泉为基液，汾酒精艺拓新蹊。地瓮开时，酝其曲酵；甑锅合处，酿为甘醴。玉液既成，人神共乐；峪泉鸣溅，金奖炫奇。

咏彼精神，范于乡邦。尔乃酒业守七必，良工铸精艺。高氏翘指，百姓誉扬。星移斗转，春瓮生香。市井酒值涨，神泉价如常。经年不辍，恒韧有方。心中有黎庶，仁风自可扬。廿载神泉液，开坛事业昌。

于是举觞邀月，宾友同欢。同心满盏，诗情涟漪。一席千杯，激情如澜。恣欢谑于终日，慕大业于平凡。神酒不醉人，送我上云端。醉客倚云指何处？百斛明珠在神泉。

（二）

◎ 王成武

汾州旧府①，西河古郡②；吕梁东麓，汾河西岸。贺鲁驻师白彪山③，骏马奋蹄壶芦谷；天应人心兮神泉奔涌上善水④，地出甘泉兮峪河长流润无声。七千年祖先⑤，六千年酒史⑥，五千年扬弃，四千年积淀。果酱滤醴，高粱酿酒。麦豆粱，因于人而出于工，生于地而长于时。纳土壤养分，吮雨露甘霖，吸天地灵气，敛日月华光。节令至，稼禾成；麦豆熟，高粱红。

麦豆神曲开扬锣，高粱翻滚启帷幕；掐时控温，衡料量曲，注心智于秩次；飞锹扬箕，飘糁翻虹，付工力于程序。曲酵高粱于地瓮，水炼酵粱于甑锅；水火搏于金铁，汽粱兑于笼屉。神泉水呵粱成汽，麦豆粱炼泉水为精。凝汽成液，夺精化酒。师法自然，造化神功。因古方而玄秘，尊古法而循旧，揽古风而入怀，集新艺而益灿。五行生克制化，四时旺相休囚。

天地人溶为一炉，精气神聚为一体，心智汗融为一掬，性情趣斟为一爵。祖庭侧畔杏花香，汾清座前神韵长。清香纯正，醇厚悠长。晨曦晚霞，艳阳和畅；临泉把盏，邀月共觞；欢聚佳朋，低吟高唱；豪情暄张，神气仙颜。驰毫骤墨真儒雅，脱帽露顶王公前；颂咏歌谣皆骚客，宝马狐裘何足言；慷慨高昂多烈士，天下道义铸铁肩。

嗟夫。神泉古酒，神物者也。

注释：

① 汾阳于明朝万历年间升州为府，称为汾州府。

② 汾阳于战国时期就为西河郡。

③ 贺鲁将军在白彪山下驻军御敌，三军无水，口渴难挡。将军的坐骑奋蹄猛跑而出泉，救了干渴的三军。后人称峪道河的水源为马跑神泉。为了感谢贺鲁将军的恩德，当地的人们把泉水流出的地方称作神头，并在此建庙塑神，供奉贺鲁将军。

④ 老子的《道德经》"上善若水，水善利万物而不争，处众人之所恶，故几于道。"

⑤ 1981年考古发掘峪道河的南梁（习惯称南梁，实际是西梁），发现大量的新石器遗存，证明在七千年前的时候就有我们的祖先在这里繁衍生息。

⑥ 1982年春天，当时的晋中考古队对杏花村进行了考古发掘，发现大量的新石器仰韶中晚时期的器物。其 中有至今发现最早的酿酒器具。证明在距今六千年以前这里就已经开始酿酒了。

诗　词

古酒吟咏

◎ 刘瑞祥

神泉入城过荣村，古酒酿于旧园中。
东府才散庆城宴，西府同举永和樽。
豪饮玉液作神仙，细酌琼浆为贤圣。
更喜故地飘清香，神泉古酒再称雄。

【七律】咏神泉酒业

◎ 庞登润

三晋大地一明珠，神泉酒业佳话多。
酒香引出洞中仙，琼浆倾倒四方客。
座座车间隐绿处，条条路旁花锦簇。
渊明观罢暗思忖，迁居此地可商榷？

【如梦令】生日小韵

◎ 庞登润

一瓶古酒启盖，几碟小菜乱摆。
端坐小桌旁，细品慢嚼敞怀，
善哉，善哉，何等悠闲自在。

【蝶恋花】酒工小调

◎ 庞登润

甜梦未尽笑意留，吹着口哨，推车向外走。
微风替我洗尘垢，星光照我夜班路。
工装换上精神抖，走进车间，挥起大铁锹。
神泉美酒人竞购，可晓汗水与心做。

【南乡子】神泉行

◎ 庞登润

客从远方来，手持相机把风采。
面对美景傻了眼，乖乖，莫非莽撞入瑶台？
佳酿桌上摆，各种酒瓶尽数开，想喝哪样随您来。
善哉，今日我要大敞怀。

【西江月】咏神泉古酒

◎ 庞登润

恰如壮士伟岸，更似少女婀娜。
神泉古酒遍天涯，揽尽人间春色。
吸纳天地灵气，采集日月精华。
神泉佳酿进万家，生活岂可无它。

民歌民谣

神泉古酒

◎ 刘瑞祥

神泉涌处出佳酿，古酒产地在汾阳。
神泉古酒有名望，喝上一口永不忘。

神泉酒业在这里

◎ 王志华

峪道河镇堡城寺，神泉酒业在这里，
东临国道三〇七，西距高速一华里，
出出入入很便利。

堡城寺村

◎ 刘瑞祥

堡城寺，是老村，大明朝时叫荣村，
庆成王府设酒坊，神泉酿酒传至今。

神泉人唱神泉歌

◎ 庞登润

开　篇

站似一棵松，走似一阵风，
厂长高云河，酒业正兴隆。

酿酒车间

机器隆隆人穿梭，蒸酒甑前铁锹舞，
秘笈牢记用心酿，瓮里乾坤咱清楚。

储配车间

排排酒罐刺苍穹，地下埋着几千瓮，
精心勾兑不含糊，高粱酿酒品质纯。

锅炉车间

只见烟囱不见烟，车间藏在绿树间，
三废处理皆合规，爱护自然不污染。

成装车间

成装车间一条龙，酒瓶下线商标新，
产品装箱入了库，工人脸上挂笑容。

品酒室

透明酒液透明杯，舌尖舔酒细品味，
质量第一不含糊，赞誉来自全社会。

化验室

瓶瓶罐罐摆得满，仪器指示灯闪闪，
各项指标见数字，原料产品严把关。

销售部

销售部，似前线，电话铃声响不断，
销售网络再延伸，四面八方喜讯传。

精益求精

◎ 刘瑞祥

数九寒天雪纷纷，蒸酒甑上雾腾腾，
酿酒本是技术活，工人求益更求精，
神泉酒业生意隆。

尽职尽责

◎ 刘瑞祥

成装车间一条龙，岗位操作是女工，
不闻叽喳谈笑语，但听机器欢歌声。
尽职尽责神泉人。

贮　酒

◎ 李剑华

六米五的个头，七十吨的体重，
四十几位弟兄，排列一个方阵。
地下封存酒瓮，赫然八面威风，
好似大秦王朝，兵马俑的阵容。

销　售

◎ 李剑华

姑娘好了不愁嫁，神泉古酒尽人夸，
经销商们做大媒，“姑娘们”远近去安家。
上吕梁，下临汾，运城、长治把根扎，
傍着黄河往前走，一路祥云一路霞。

游神泉酒业展展馆

◎ 赵世中

走进神泉展览馆，里里外外明晃晃；
进门感觉入山洞，泉水哗哗耳边响；
好像自家在仙境，音乐萦回好缠绵；
脚底轻轻软飘飘，酒气微微透鼻香；
探究神泉悠久史，上溯历史几千年；

娘娘种水传神话，马刨神泉水源源；
朱门金匾好气势，王府庄园真排场；
时空穿越到近代，再看一周老城墙；
翻桥踏步往里走，酒厂历史现眼前；
气势恢宏大手笔，开拓进取三十年；
产品式样好多款，高低不同数不完；
看完瓶瓶品罐罐，数完坛坛摸大缸；
产品质量好名声，跨海越山走平川；
供不应求百姓喜，有口皆碑夸不完；
企业效益非常好，社会贡献走在前；
文化活动掏腰包，公益事业不差钱；
说罢功劳说荣誉，锦旗奖杯挂满墙；
三A企业不含糊，著名商标美名扬；
各类媒体常报道，年年劳模受表彰；
老总有个好名声，汾州大地好人缘；
县乡代表他领衔，为民分忧敢担当；
俺们跟他心坦然，今后日子有保障；
光顾表扬咱老总，忘喽脚下再往前；
头前景致更引人，劳模相片挂在墙；
一个一个精呦呦，红红鲜花挂胸前；
为喽企业大发展，不知出了多少汗；
再往前来仔细看，花花样样入眼帘；
字画娃娃挂墙上，漂亮仙女能飞天；
真草隶篆花嗖嗖，妙笔生花在汾阳；

圆圆团桌摆中央，古香古色亮丹丹；
高瓶瓶来低罐罐，好酒隔壁穿鼻香；
实在不顾丢脸面，慢斟细品托二两；
边聊边饮边回味，发展美景挂眼前；
喜看神泉长远景，还想再活五百年。

禁烟火

◎ 刘瑞祥

全厂硬化无尘埃，一行一溜栽桧柏，
生产区域禁烟火，违者罚款一千块。

厂无名牌难长久

◎ 王志华

企业好似一间房，名牌就是一大梁，
房无大梁不坚固，厂无名牌难长久，
神泉古酒正兴旺。

照章纳税走在前

◎ 王志华

神泉酒业云河办，国家利益装心间，
小河有水大河满，照章纳税走在前。

企业信用三A级

◎ 王志华

泱泱中国工商联，会员单位有神泉，
企业信用三A级，国家农业银行颁。

吕梁行署授金匾

◎ 王志华

有的企业求发展，不顾污染就说钱，
环保先进有神泉，吕梁行署授金匾。

赞助《走进大戏台》

◎ 王志华

公元二〇〇三年，百年老校汾中园，
偌大一方体育场，人山人海好宏畅。
山西卫视大戏台，汾阳专场打了彩。
晋剧名角马玉楼，特回故乡放歌喉。
参赛选手比高低，人人都有拿手戏。
地方名角也献艺，观众里面尽戏迷。
记者现场做专访，云河厂长亮了相。
赞助单位是神泉，给咱故乡争了脸。

十强赛

◎ 刘瑞祥

汾阳乒坛十强赛，连续举办了六届，
每年正月人期待，高手荟萃展风采。
神泉酒业独赞助，人们竖起拇指来，
选手保持高水平，频夺吕梁冠军牌。

乒乓球室

◎ 刘瑞祥

名牌球台“红双喜”塑胶地面红丹吱，
汾阳一流乒乓室，强身健体聚人气。

文化气息

◎ 刘瑞祥

神泉酒业办公楼，文化气息拔头筹，
木雕屏风凝古意，满廊书画入眼球，
一个“酒”字百种体，变幻莫测人逗留。

名人字画入眼帘

◎ 王志华

层层走廊有景观，名人字画入眼帘，
乐于文化结良缘，公司怎能不发展。

书法诗家展技艺

◎ 王志华

神泉酒韵书联语，书家诗歌展技艺，
他乡花开有芬芳，我乡同样有妙笔。

古酒是咱百姓的酒

◎ 王志华

生来就爱交朋友，朋友多了路好走，
逢年过节送个礼，十有八九是古酒，
古酒是咱百姓的酒。

上的就是神泉酒

◎ 王志华

咱有一帮好朋友，隔三差五就喝酒，
饭馆熟知老顾客，上的就是神泉酒。

经济实惠对胃口

◎ 王志华

这个酒，那个酒，情有独钟是古酒，
入口绵来后口甜，经济实惠对胃口。

今生有缘结古酒

◎ 王志华

今生有缘结古酒，醉意好像梦中游，
酒鬼自有仙人乐，少饮微醺是享受。

喝了神泉酒

◎ 李世林

喝了神泉酒，好像云里游，
胸中装四海，眼底收五洲。

喝了神泉酒，胆子大如牛，
改革开放路，跨步往前走。

喝了神泉酒，美得直想吼——
咱们中国人，赶上好时候。

喝了神泉酒，直话鲠在喉——
清官受人敬，贪官不如狗！

喝了神泉酒，眼泪只想流，
想起妈和大，尽孝没到头。

喝了神泉酒，想把老婆楼，
吃苦心连心，亲嘴口对口。

喝了神泉酒，豪情冲霄九，
天下有灾情，捐助眉不皱。

喝了神泉酒，能活九十九，
喝了神泉酒，咱比神仙牛。

高云河小传

◎ 王志华

一

一九五六生圪垛，取下名字就云河，
与水结下不解缘，预示酒业展宏图。

二

从小懂事能吃苦，拾粪割草又养猪，
上学费用自解决，生活磨炼是财富。

三

高中毕业回圪垛，挑起村里团支书，
小小年纪当干部，行政能力早打磨。

四

一年四季长奔波，山庄窝铺留脚步，
文化使者放电影，只因心中有春色。

五

公社党委当干事，成天都有许多事，
一心扑在工作上，上上下下都欢喜。

六

神泉酒厂任科长，设备时时保通畅，
钻研业务埋头干，新的岗位试锋芒。

七

难忘一九八九年，酒厂陷入大困难，
前耀书记有慧眼，任用云河扭局面。

八

挑起重担任厂长，难能可贵是儒商，
追本溯源觅神泉，古酒闪亮登市场。

九

云河创业有思想，上级屡屡有表彰，
国家农博有探花，省里农博获金奖。

十

宏图美景巧运筹，凌云壮志冲霄九，
古酒开拓成功路，打造名牌创名优。

十一

热诚做事不稀奇，真诚做人不容易，
为人处事一榜样，云河身上得启示。

十二

社会不乏企业家，有的好来有的差，
汾阳说起高云河，各界人士把他夸。

十三

人好方能天地广，心纯酿得古酒香，
汲取神泉创大业，太平盛世美名扬。

藏头诗二首

◎ 张云龙

一

高山流水瀑布景，云天襟怀品德馨，
河海扬帆乘长风，诚信赢来好名声。

二

神仙下凡意浓浓，泉涌碧波水清清，
古道热肠酬宾客，酒创名牌八方闻。

乙未年春节作藏头诗赠云河兄

◎ 赵世忠

神州锦绣四海春，泉水浩淼波涛涌，
古风新韵唱不尽，酒美人和乐融融。
盛世伟业三阳泰，景明春和五岳红，
腾腾宏图如烈焰，飞天气势耀苍穹。

故乡同样展宏图

◎ 王志华

神泉酒业高云河，立足创业在本土，
外面世界很精彩，故乡同样展宏图。

仁者

◎ 李剑华

山里红长在山弯弯，高云河成长在乡间，
兴办酒业赚了钱，反哺社会搞慈善。
修村路，打深井，赞助比赛与会演。
帮老人，助学子，地震灾区送捐款。
仁者从来不自夸，乡间自有美名传。

啦啦歌

◎ 李世林

高云河，企业家，开酒厂，出名啦。
做下酒，都卖啦，老百姓，全喝啦。
挣下钱，都花啦，慈善事，都办啦，
堡城寺，受益啦，圪垛村，沾光啦。
好事情，做多啦，村民们，记住啦。
盖学校，修路啦，自来水，喝上啦。
穷孩们，资助啦，上大学，毕业啦。
正月来，红火啦，唱大戏，全包啦。
大戏台，走进啦，山西省，扬名啦。
书法赛，赞助啦，图书馆，展览啦。
百酒图，写下啦，酒扑克，印下啦。
酒挂历，送人啦，酒文化，宣传啦。
乒乓赛，组队啦，十强赛，六届啦。

还捐了，地震啦，又捐了，公益啦。
还有咧，投资啦，酒业咧，做大啦。
规模咧，扩大啦，质量咧，提高啦。
系列酒，开发啦，销售网，形成啦。
神泉酒，出名啦，荣誉证，可多啦。
省地市，都全啦，相册里，插满啦。
高云河，忙煞啦，市人大，参加啦。
做酒业，铁心啦，为汾阳，贡献啦。
高云河，高兴啦，汾阳人，都笑啦。

神　塘

◎ 刘瑞祥

葫芦峪里一水坑，其状犹如马蹄形，
一丈多深见沙底，泉涌水面起波纹。
泉水一旦入渠中，浪花溅起哗哗声，
此地得名叫神塘，讹传“神头”到如今。

神塘大庙

◎ 刘瑞祥

神塘当年有古庙，大庙里头圈小庙，
瓦檐围墙七尺高，千年松柏入云霄。

原公祠，吕祖阁，圣母殿，贺鲁庙，
诸神与水有因缘，各有传说传奇妙。

借助神仙护水源，咱的仙人智慧高，

历朝历代都修葺，年年岁岁香火绕。

一九五八大跃进，拆了古庙用木料，

一方胜景毁一旦，天灵盖都损塌了。

书　画

中堂

◎ 高树玉

书法

《神泉古酒赋（一）》书法系列

系列一 行书

◎ 田承顺

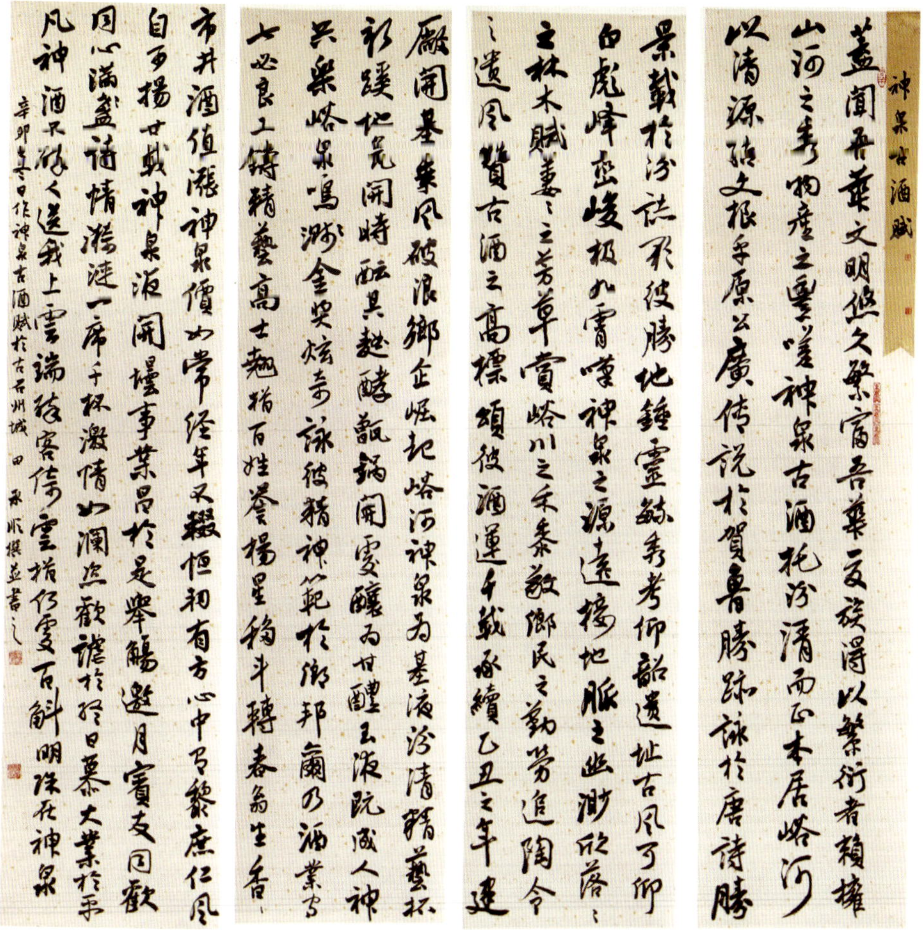

系列二 草书

◎ 姜幼平

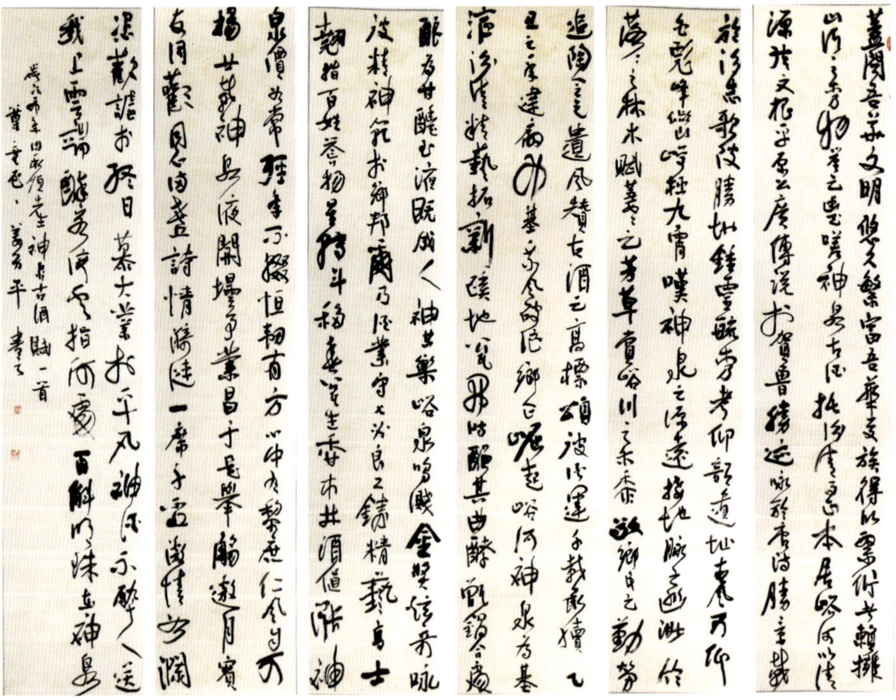

系列三 隶书

◎ 温学鹏

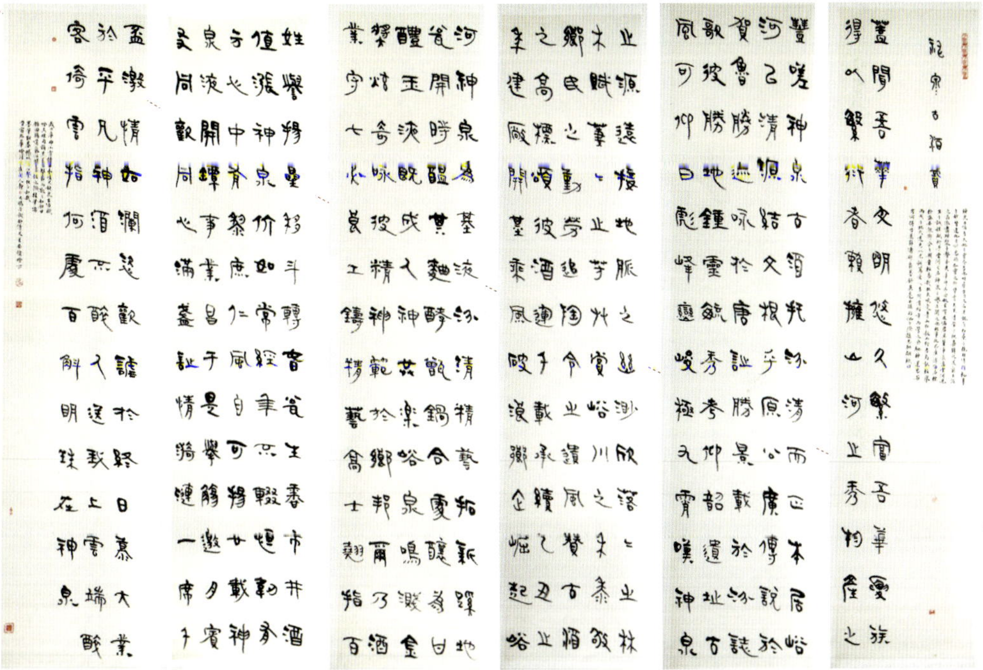

系列四 行草

◎ 刘志杰

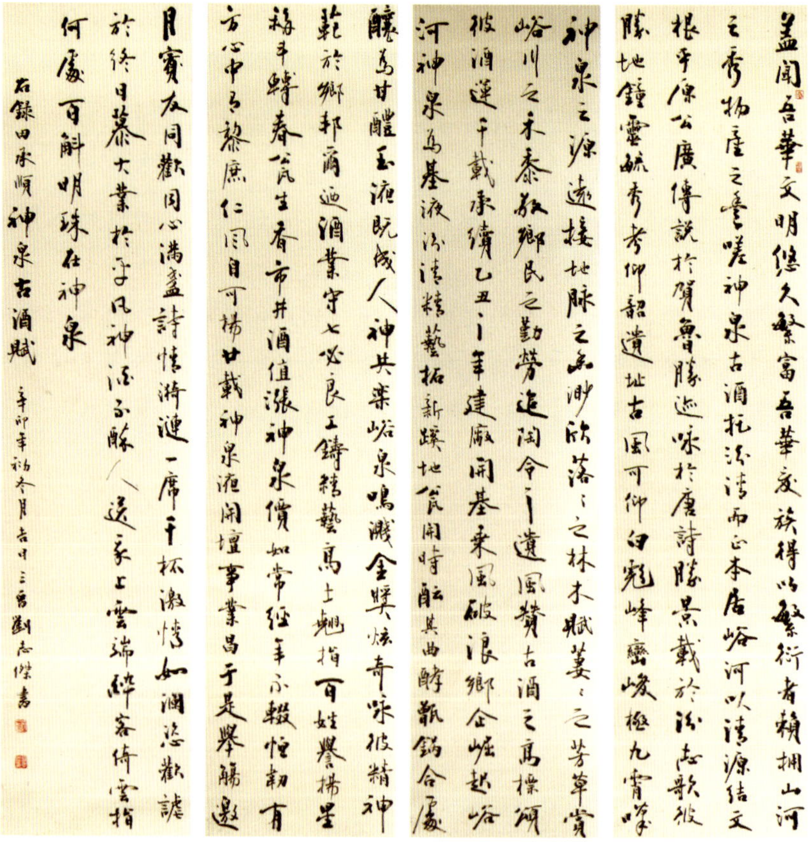

魏碑

◎ 赵发潜

得佳境神泉
酿汾州古酒

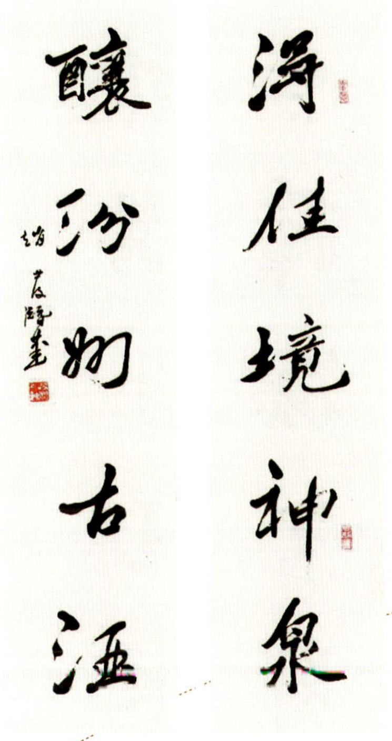

草书

◎ 张明智

神泉溪畔桃红柳绿着秀色
王府庄园云蒸霞蔚泛酒香

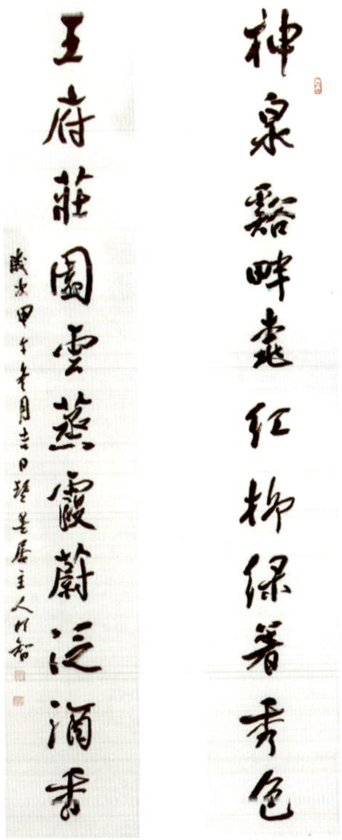

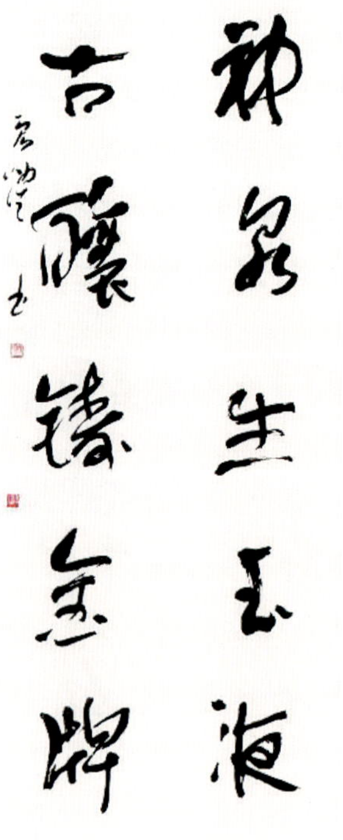

草书

◎ 成宏耀

神泉生玉液
古酿铸金牌

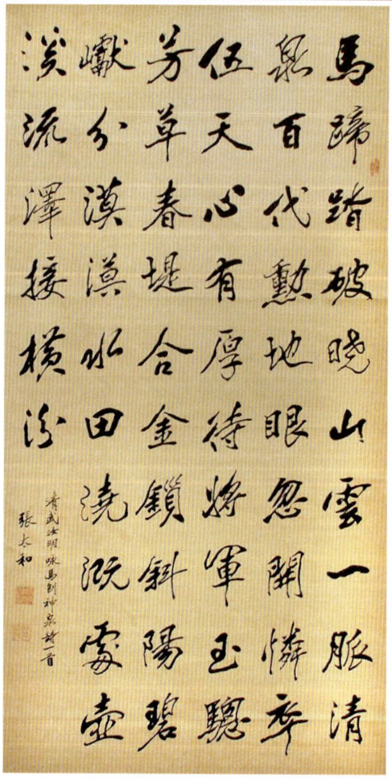

魏碑

◎ 张太和

马蹄踏破晓山云
一脉清泉百代勳
地眼忽井怜卒伍
天心有厚待将军
玉骢芳草春堤合
金锁斜阳碧巘分
漠漠水田浇溉处
壶溪流泽接横汾

行书

◎金　保

神泉相传汾酒源　将军马刨涌琼浆
当年醇醪今犹在　古酒新酿红高粱

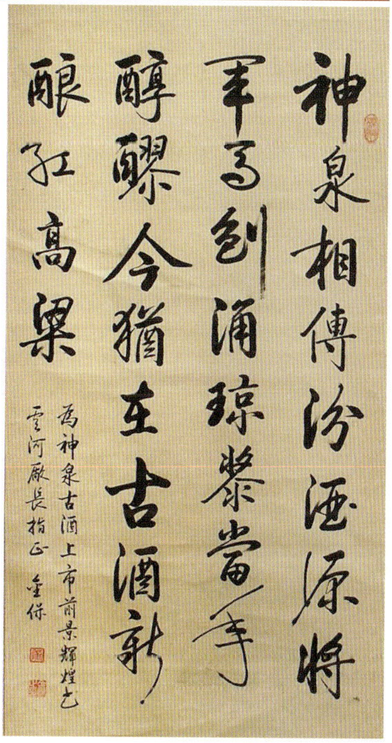

行书

◎金　保

酒之所兴，肇自上皇，或云仪狄，一曰杜康。有饭不尽，委余空桑，郁积成味，久蓄气芳，本出于此，不由奇方。

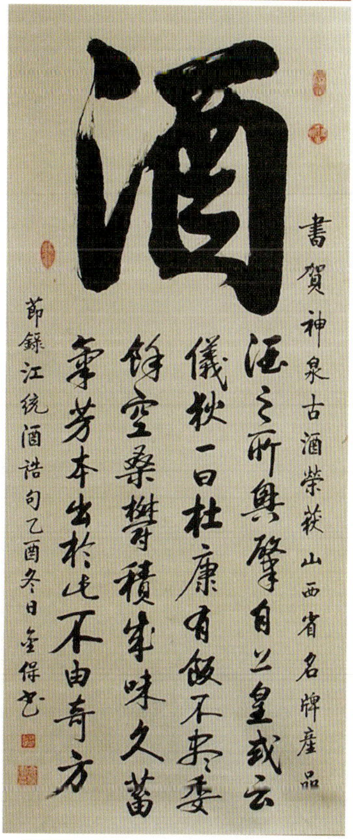

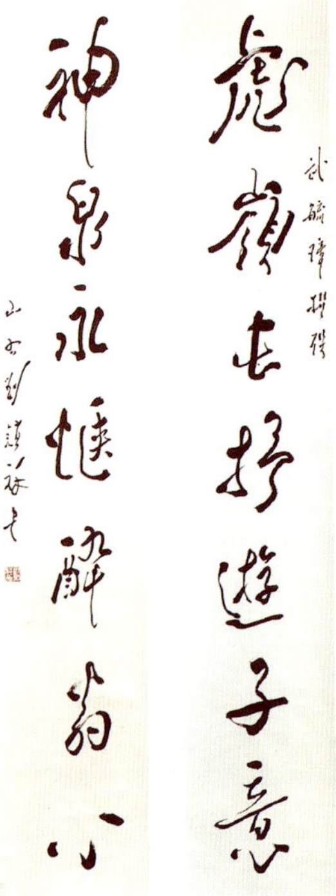

草书

◎ 刘锁祥

彪岭长抒游子意
神泉永惬醉翁心

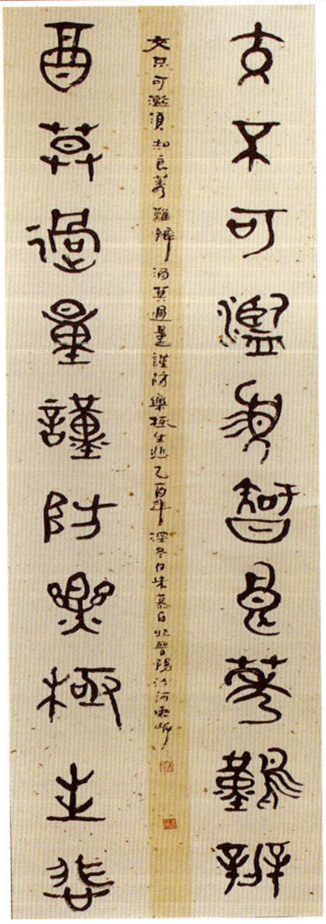

篆隶

◎ 朱慕白

交不可滥须知良莠难辨
酒莫过量谨防乐极生悲

行草

◎ 高树玉

神泉古酒

行书

◎ 石耀峰

神泉圣境

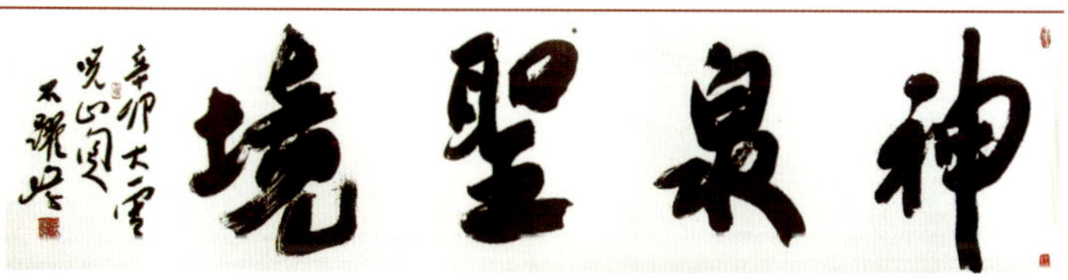

草书

◎ 刘效孟

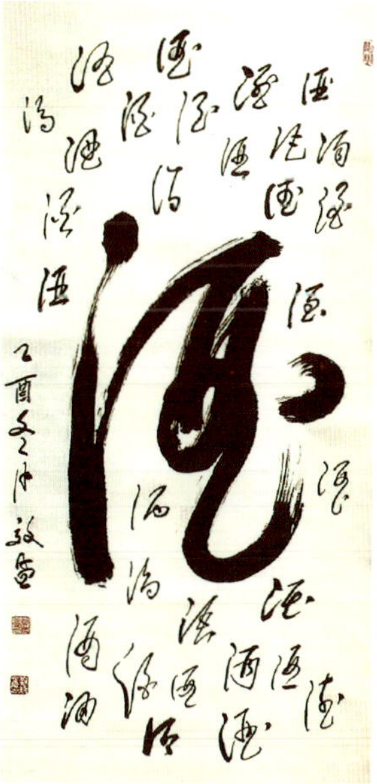

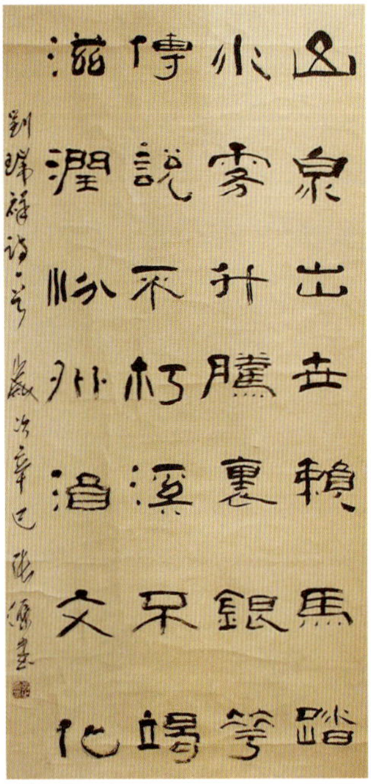

隶书

◎张 源

山泉出世赖马踏
传说不朽溪不竭

水雾升腾裹银花
滋润汾州酒文化

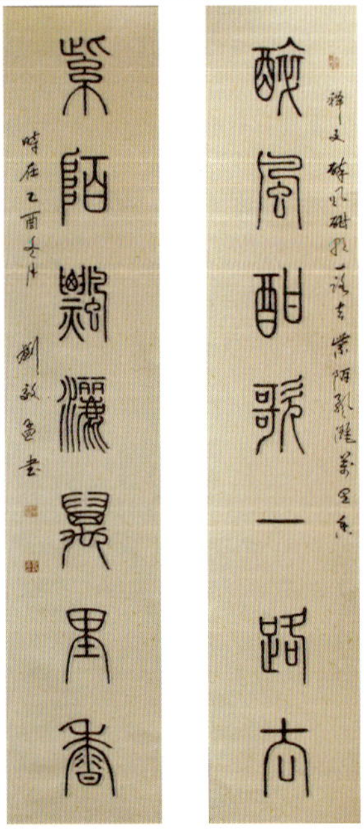

篆书

◎刘效孟

醉风酣歌一路去
紫陌飘洒万里香

草书

◎ 武毓璋

座上月明对红友
篱边人醉咏黄花

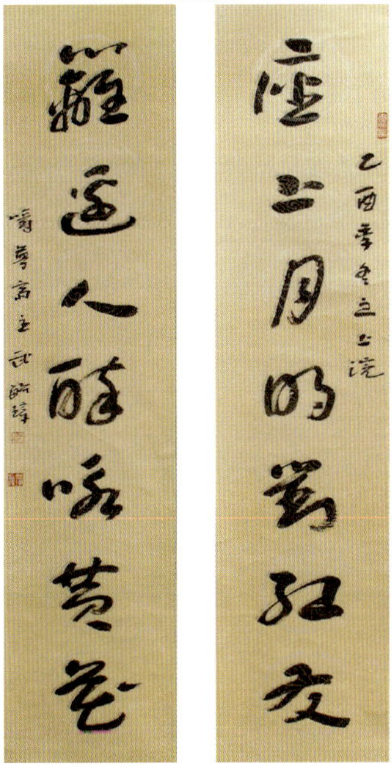

草书

◎ 武毓璋

从征师旅驻山巅
白马跑山出冽泉
踊跃三军争赴敌
深沉一流涨清涟
膏腴灌溉收成富
士庶登临大有年
贺鲁元戎功业盛
封疆无复事披坚

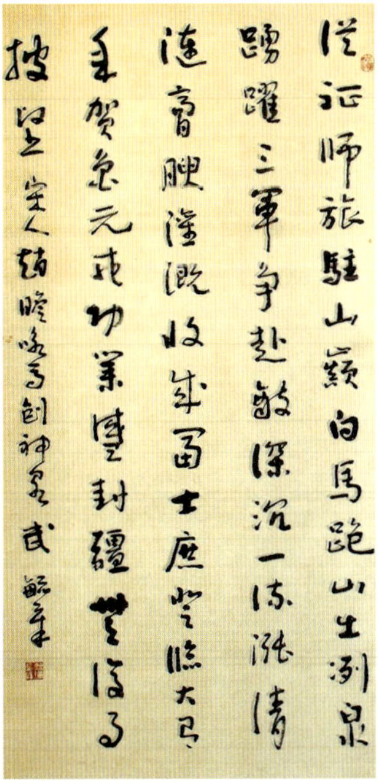

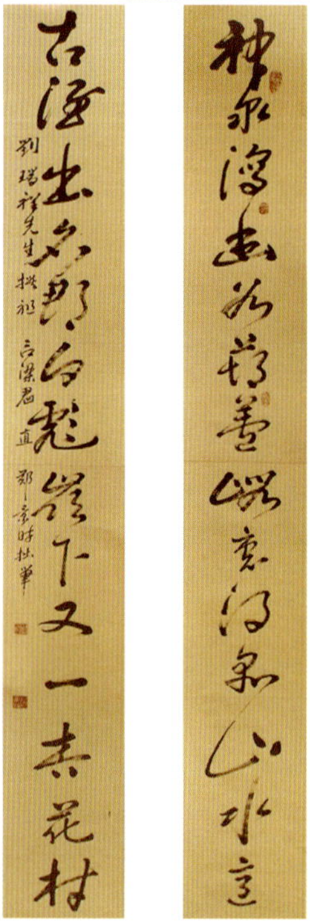

草书

◎ 郑景昉

神泉泻幽谷葫芦峪里得录山水意

古酒出名郡白彪岭下又一杏花村

行草

◎ 宋富盛

一脉神泉醉冷月

两杯古酒映寒星

行草

◎ 王治国

神泉褒神韵清音寄远
古酒含古风朴质留馨

行草

◎ 田承顺

铁拐李无心宝葫芦坠地泻圣水
高云河有情神泉酒鸣世负美名

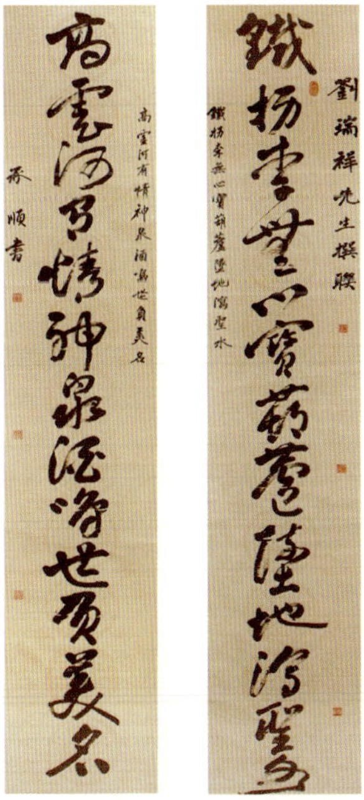

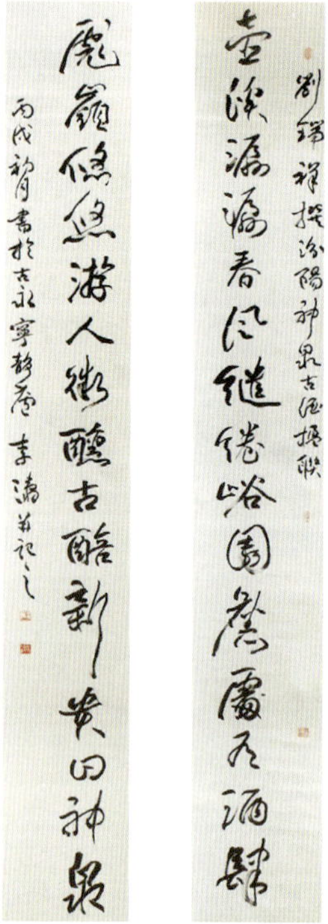

草书

◎ 李 涛

壶溪潺潺春风缱绻峪园旧处有酒肆

彪岭悠悠游人微醺古酩新贵曰神泉

草书

◎ 文景明

选取神泉一段水

酿成古酒万里香

行书

◎ 赵社英

花间饮酒发新唱
松下微醉吟好诗

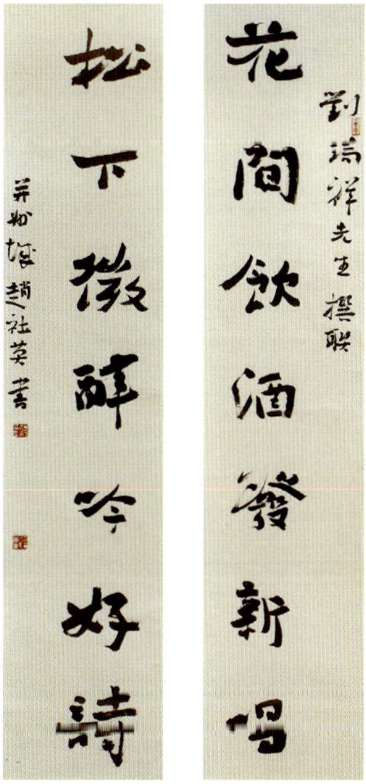

汉隶

◎ 韩少辉

平沙衷野盘弓纵马
朗月清风把酒吟怀

篆书

◎南沙

谊厚皆持真性气
韵长独喜古神泉

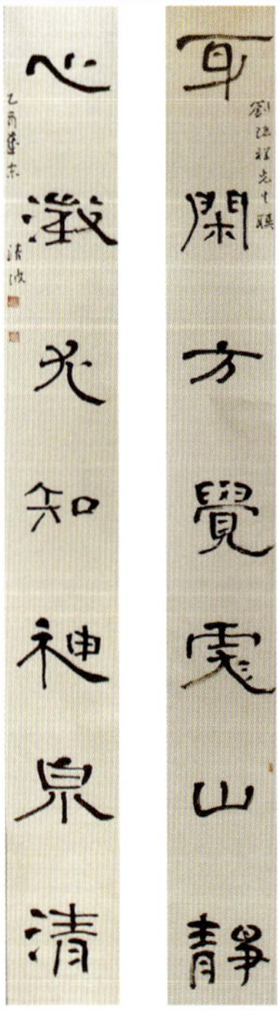

隶书

◎清波

身闲方觉彪山静
心澈尤知神泉清

行草

◎ 石耀峰

酒好千家颂
坛开十里香

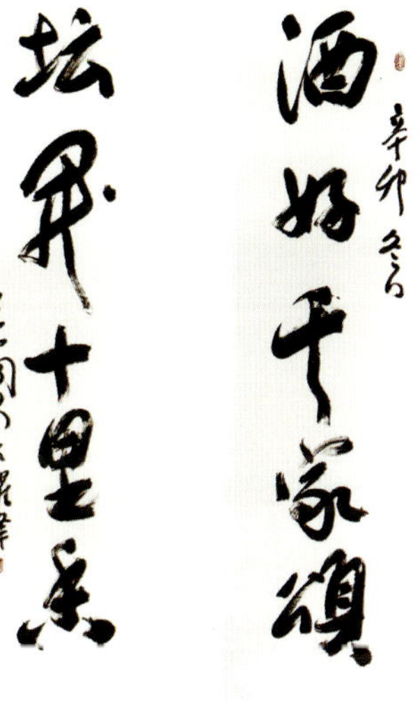

行草

◎ 武毓璋

水汲马刨神泉万古甘露凝玉液
技承汾酒工艺千秋妙方化琼浆

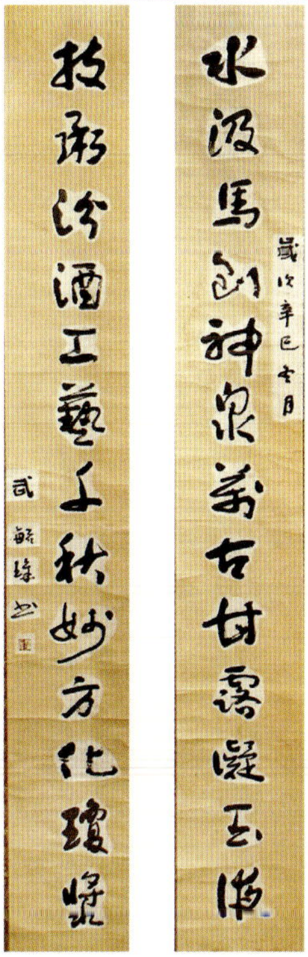

国画

神泉仙境古酒飘香

◎ 靳冠山

秀水绕门神泉自流

◎ 王学辉

煮酒图

◎ 张翔洲

一片冰心

◎ 王木兰

飞天图

◎ 王建华

金兰雅集

◎ 海福

松下饮酒图

◎ 李庆富

饮酒图

◎ 王子全

马跑神泉九九酒图

◎ 张春桥

闻香下马图

◎老墙

秋实图

◎文远

彪岭神泉图

◎加星

杏竹图

◎ 张树文

神泉仙境

◎ 远 之

彪岭峪园酒家图

◎ 海 青

斗方

◎ 刘志强

◎ 姜幼平

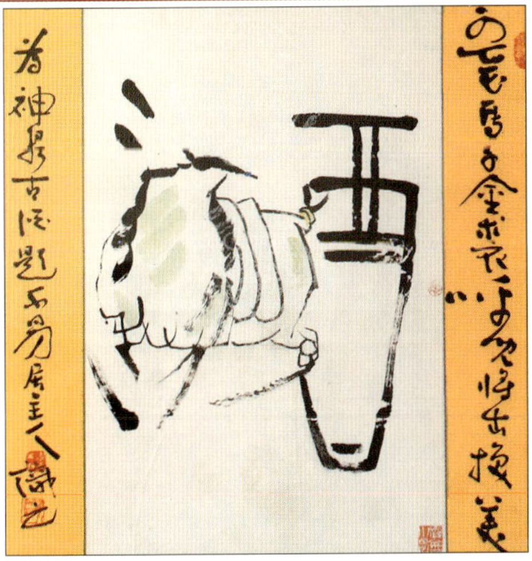

◎ 张述俭

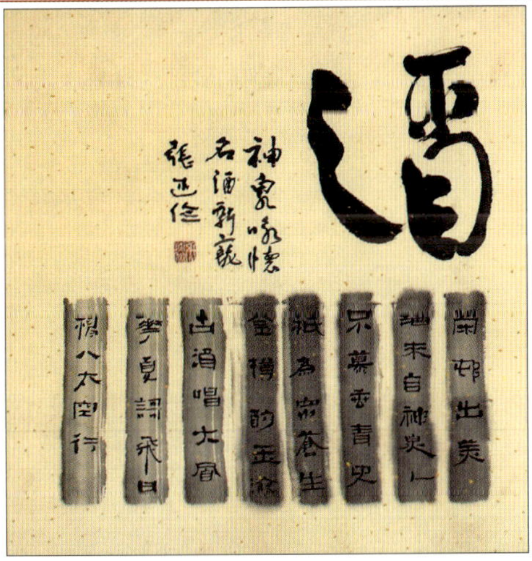

◎ 张春桥

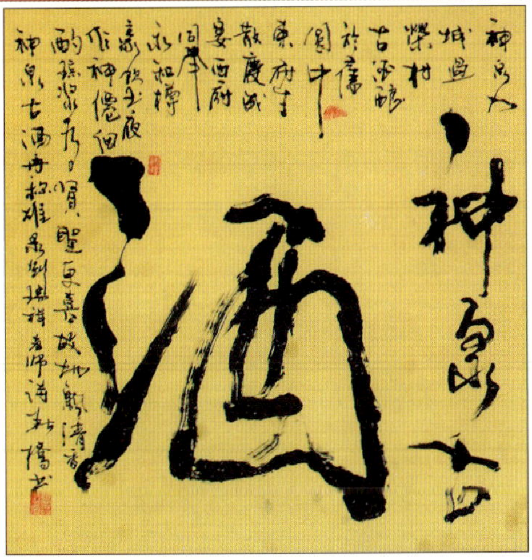

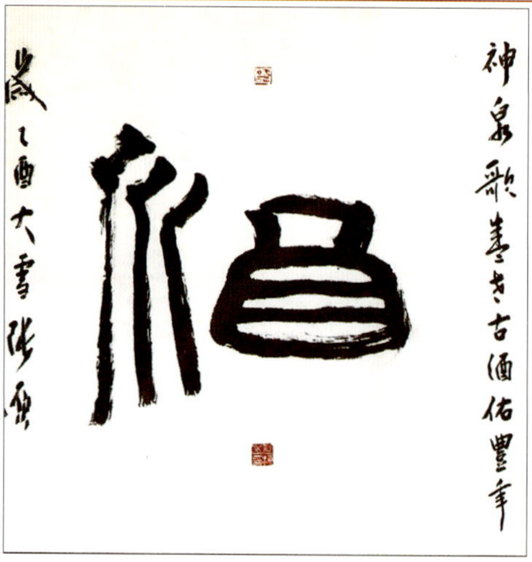

◎ 张　源

◎ 温学鹏

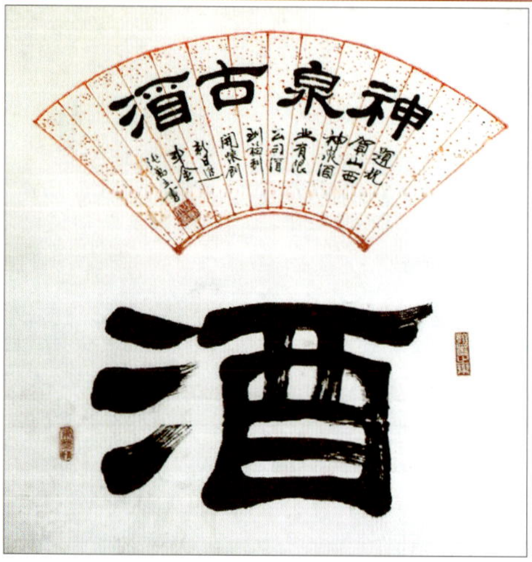

◎ 张万立

◎ 张太和

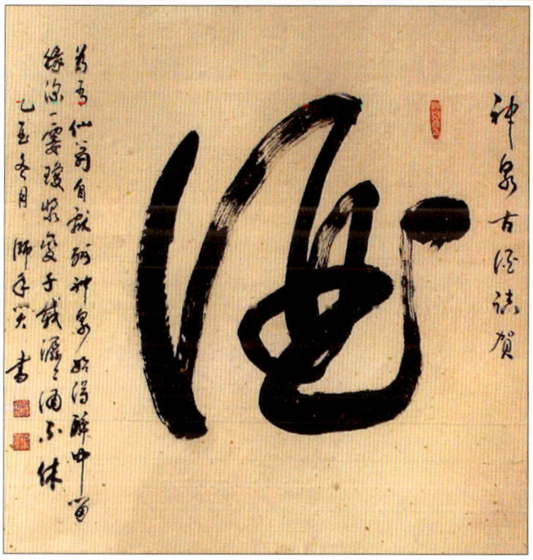

◎ 师年笑

◎ 任匡清

◎ 刘学敬

◎ 韩明德

◎ 郭雅萍

◎ 李榆森

◎ 文肇言

◎ 王万明

◎ 赵世中

◎ 赵志武

◎ 张建生

◎ 忠 清

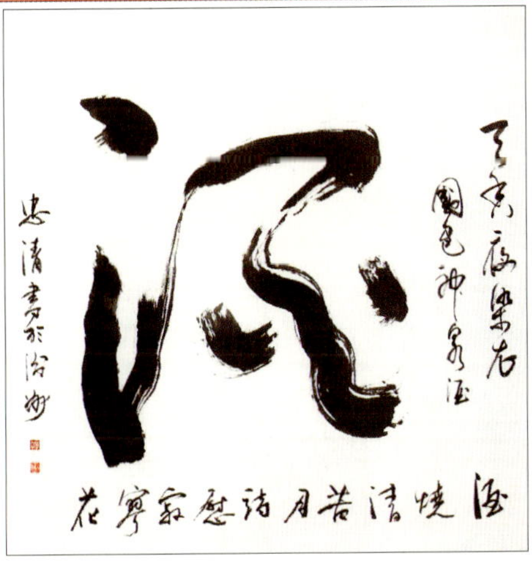

◎ 海 生

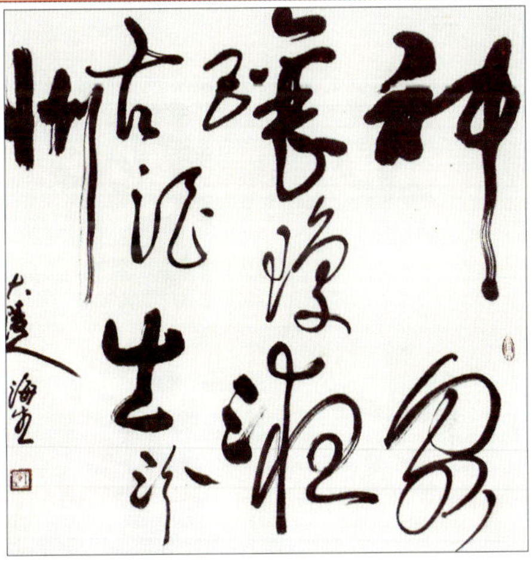

◎ 庚生河

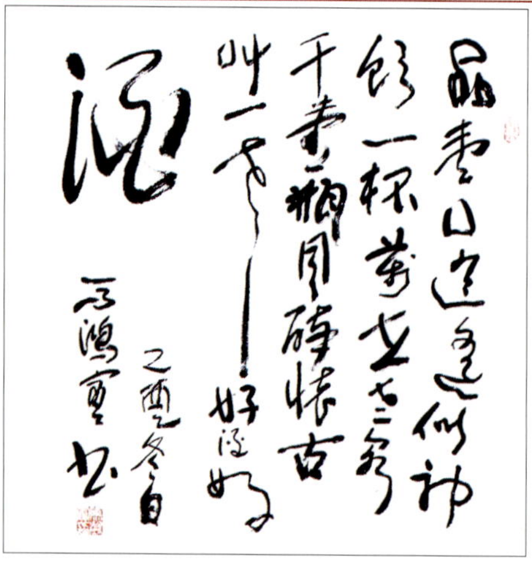

◎ 马鸿宾

◎ 赵 暕

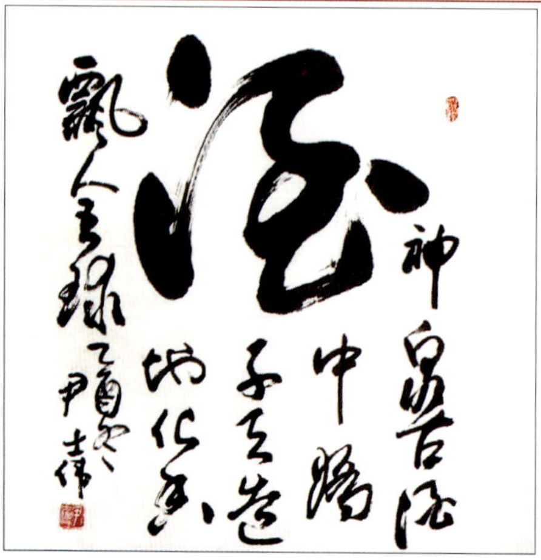

◎ 尹士伟

篆刻

◎ 马步陞

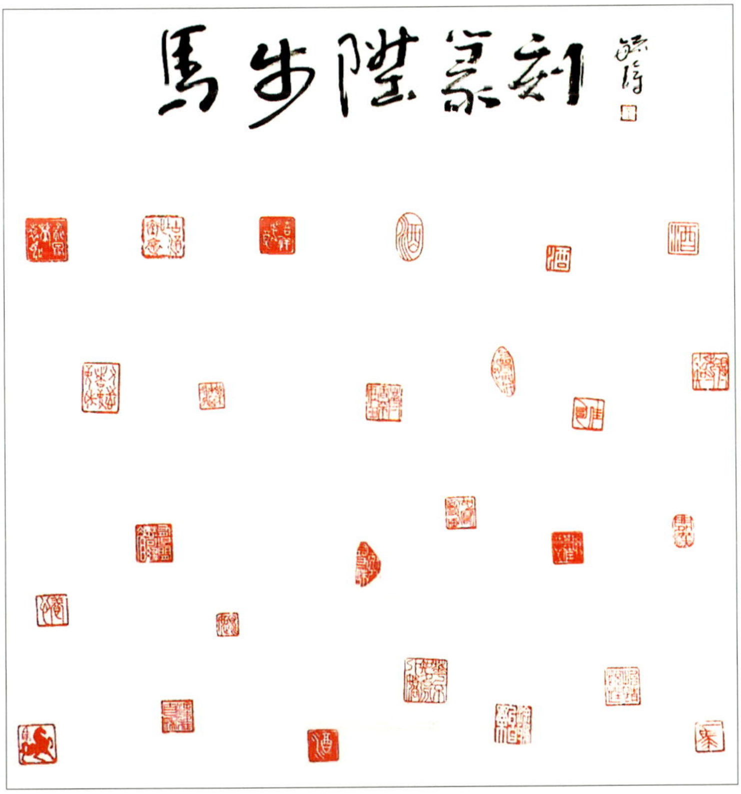

木雕

企业文化展示
神泉探源
神泉

马跑神泉传说史考
马跑神泉水入城路线
神泉史考

『马跑神泉』流水碑记
盖闻马跑神泉者乃大金、贺虏将军遗迹也。将军屯
三日缺水，军士口渴，将军仰告于天，不时神泉涌出，三军获
饮。逮其兵退，乡人感德怀恩，山下建祠，题匾曰『贺虏神庙』。每岁四月初八向庙献祭。乡人约曰，泉水分为十分，三分入城，七
分给董寺里、太平里、罗城里、黑浮里、郝洪里、池定里、城子里七里十村。每分分水一日，十日一週，寅时而开，寅时而塞，
周而复始未敢乱也。迨我
太祖高皇帝龙飞己未册封
庆城 永和 二府于汾州
敕建祖寝于郝洪、罗城二里，寝内傍泉行文
抚按 衙门劄付汾州出分水二日，复 有旧 分十分又增二府，以十二日
为一周也。及今二百年照例浇溉，未敢紊乱。近因玩法刁民，
地因近泉，新开河渠，任意浇溉，不遵原额日期使用，
下民不得恩泽，良可慨也。今者庆成王府辅国中尉知，寄庄
郝洪里，也有买到水分，见得不守旧规，于是建言民情
告赴分守河东带管分守冀南道批付本州。今蒙郡守诸公
严番十村渠长各里具结，棍徒紊乱水例实该阻止。斯
念十村渠长依前便例，再有棍徒倚强独霸水例者，许值日
本里地方拿获送州，依律问罪。法虽立于一时，但恐年深日

庆成王府金兰诗社

王府办有金兰诗社，与地方文人墨客定期举办诗会。『坐
贡酒
每年，庆成王府都要定期以上好的乳头清入坛，派兵护送京城，进贡皇上。于是，庆成王府酒便成为朝廷大宴群臣赏赐边将的

水母娘娘▲

吕洞宾种水▼

筹建概述
1985--1986
企业发展历程

财务目标
文化建

产品展示厅

企业文化

喝神泉古酒 交天下朋友
神泉牌系列白酒
福禄寿喜瓷瓶
青花瓷瓶
红花瓷瓶
水晶十五年
精品十年
神泉八年
神泉五年
神泉竹叶青
鸿运一九九九
租赁经营
1999-2005
产权置换
2005-2013

榜样
企业骄傲 员工楷模
生产楷模——张映亮

神泉酒业十年发展战略规划
神泉酒业
——绵长的历史味道

财务目标
文化建设目标

文化长廊

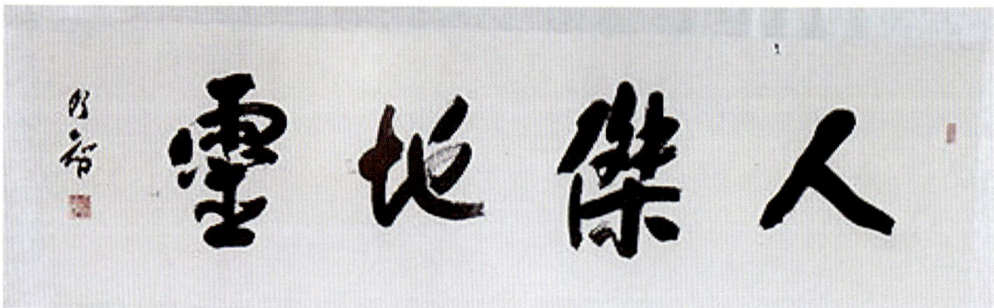

书刊拾录集萃

人品 酒品

——神泉酒业董事长高云河其人

◎ 张前耀

神泉酒厂始建于一九八五年，高云河于一九八九年七月担任厂长。从一开始的与汾酒厂“厂长负责，联营合作”到租赁经营、产权置换，二十四年惨淡经营，他用自己的辛勤和智慧抒写了神泉酒业发展之魂——人品就是酒品！

临危受命不懈怠

高云河，在峪道河镇政府当过通讯员、电影放映员，在汾阳城开过摩托修理店。一九八八年，镇上安排他到神泉酒厂任机电科负责人兼电工。认识他的人们都说高云河“人缘好，能共事，敢当事”。一九八八年八月六日，汾阳遭受百年不遇的特大洪灾，峪道河是重灾乡镇。无巧不成书，此前由于多种原因，神泉酒厂与汾酒厂的“合作联营”中止，企业处于停产状态。神泉酒厂属峪道河镇办骨干企业，生产停滞，财源枯竭。镇党委、镇政府在利用各种力量、千方百计尽快启动“联营合作”的同时，力排异议，选拔“人缘好，能共事，敢当事”的高云河担任了神泉酒厂的党支部书记兼厂长。那年他刚好33岁。自此，高云河跟随时代步伐，带领神泉酒业，一步一个脚印，一股劲拼搏，使一个没有自主品牌的白酒企业，实现了从无到有，从有到优，从优质到精品的跨越和升华。企业规模由小变大，生产设施、车间由简陋到先进，实现了历史性的突破和飞跃，成为汾阳乃至山西省除“汾酒”之外，“清香型”白酒的又一典范和代表。每当我们这些能够见证神泉酒业发展历程和神泉古酒忠实的消费者手中能够再度得到一瓶神泉牌“红高粱”白酒，大家举杯对饮品赏时，谁人不为它的品质和醇香而大加赞叹呢！美总有遗憾，神泉牌“红高粱”白酒今已成绝版！品醇香绵长的美酒，不禁会联想到酿酒人高云河——中庸诚信的人品。

人品决定酒品

质量是企业的生命。二十多年来，神泉酒业秉承高云河“诚信、善行、担当、务实、极致”的做人之道和“用人品做产品，靠诚心做品牌，凭良心做事业”的经营理念，为保证白酒品质，从制曲、原辅材料购进、酿造、蒸馏、贮藏到成装、销售等每个环节，从严从细，不打马虎，全面推行了“ISO 9000”质量管理体系建设和HACCP体系认证，从而不断打造推出了倍受市场认可和广大消费者满意欢迎的款款精美产品。诸如神泉牌“红高粱”“杏林春”，“神泉古酒”系列之普古、普古八年、精品十年、鸿运一九九九、陈香二十年等，产品荣获“山西省优质产品”“山西省名牌产品”和“山西省著名商标”称号。他个人受到各级政府的表彰奖励，荣誉称号接踵而至。

“神泉古酒”因优良的品质，有了较为稳定的销售市场和消费群体。但面对日渐激烈的同类白酒产品的市场竞争，神泉酒业不但没有过任何一点点损人不利己和恶意伤害其他厂商的不义之举，反而从自身做起，更加注重产品的质量管理和更新换代，适时推出符合市场消费者需求的新产品、新品种。尤其是对市场上发现的个别假冒“神泉古酒”的不法行为，在通过相关部门给以打击的同时，用一种“以德报怨”的方式加以妥善处置。既维护了企业和消费者的合法权益，又使得那些一时利令智昏的造假者猛醒，不再为蝇头小利而去冒险。

知恩善行的境界

神泉酒业发展壮大了,高云河始终认为,财富属于全社会,属于所有神泉酒业人,自己只是一个管理者,最多也只能是一个看护人。他深知“让神泉美酒飘香天南地北,滋润天下朋友的心田”是自己的神圣使命,“知恩善行、勇于担当”是自己的社会责任。这些年来,累计倾囊三百余万元资金,捐义款、为周边村民捐资建学校、铺设道路,及解决人畜吃水困难等。在企业内部,为工作年满十五年以上的神泉人办理养老保险,解决了他们的后顾之忧。

高云河带领神泉人正在为他们的宏伟愿景而不懈奋进,让神泉酒业成为“充满生机和备受天下朋友喜爱的美酒乐园”!

(原载《汾州乡情》)

神泉古酒十六品

◎ 张立新

天下万物，道生之，德畜之，生生不息。

凡物有质，质以品分，以别高下优劣。

神泉古酒，得大千造化之妙因，泉洌水晶，天赋神韵；

复加能工精作之惠缘，因缘而合，品高质贵，佳酿如泉。

古酒风韵，洁如深涧山泉，芳似空谷幽兰。

秉自然灵秀之气，具儒雅谦恭之度，

诚汾州酿林之君子也。

佳酿如诗，如画，如歌，如梦，如风，如火。

酒道即人道，酒品即人品。

悟其神，品其韵，辨其形，

总其十六品如后：

高古、拙朴、圆通、守诚；

清亮、清香、清纯、清正；

醇厚、甘润、自然、悠长；

柔美、飘逸、丰澹、韵远。

山乎？

泉乎？

酒乎？

人乎？

三杯过后，个中况味，饮者自可知晓。

04/05
泉 好泉出佳酿

中国古汾州民间传说
刘瑞祥民间文学集·之一
上卷
山西出版集团
北岳文艺出版社

神泉
神泉古酒
纯粮酿造
自然品味
汾阳市神泉酒厂

MIN GE MIN YAO CHANG MIN XIN
民歌民谣
唱民心
刘瑞祥 编著
天马出版有限公司

名企名人
广告业务员二名
5版
神泉古酒
驾御"神八"的舵手

神泉古酒

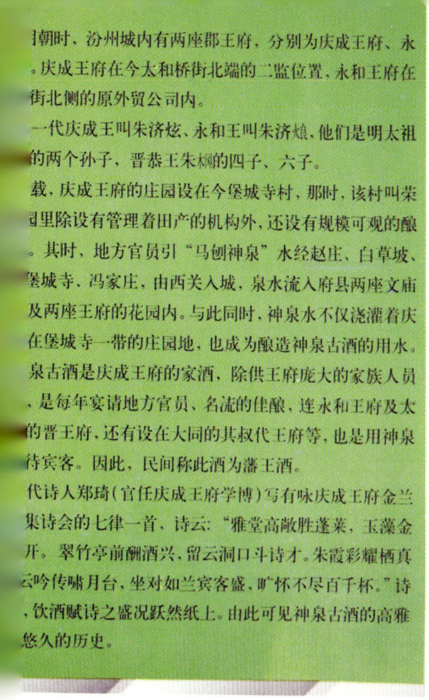
…朝时，汾州城内有两座郡王府，分别为庆成王府、永…。庆成王府在今太和桥街北端的二监位置，永和王府在…街北侧的原外贸公司内。

…一代庆成王叫朱济炫，永和王叫朱济烺，他们是明太祖…的两个孙子，晋恭王朱棡的四子、六子。

…载，庆成王府的庄园设在今堡城寺村，那时，该村叫荣…园里除设有管理着田产的机构外，还设有规模可观的酿…。其时，地方官员引“马刨神泉”水经赵庄、白草坡、…堡城寺、冯家庄，由西关入城，泉水流入府县两座文庙…及两座王府的花园内。与此同时，神泉水不仅浇灌着庆…在堡城寺一带的庄园地，也成为酿造神泉古酒的用水。…泉古酒是庆成王府的家酒，除供王府庞大的家族人员…，是每年宴请地方官员、名流的佳酿，连永和王府及太…的晋王府，还有设在大同的其叔代王府等，也是用神泉…待宾客。因此，民间称此酒为藩王酒。

…代诗人郑琦（官任庆成王府学博）写有咏庆成王府金兰…集诗会的七律一首，诗云：“雅堂高敞胜蓬莱，玉藻金…开。翠竹亭前酬酒兴，留云洞口斗诗才。朱霞彩耀栖真…云吟传啸月台，坐对如兰宾客盛，旷怀不尽百千杯。”诗…，饮酒赋诗之盛况跃然纸上。由此可见神泉古酒的高雅…悠久的历史。

贺仙壁

神泉亭

相思桥

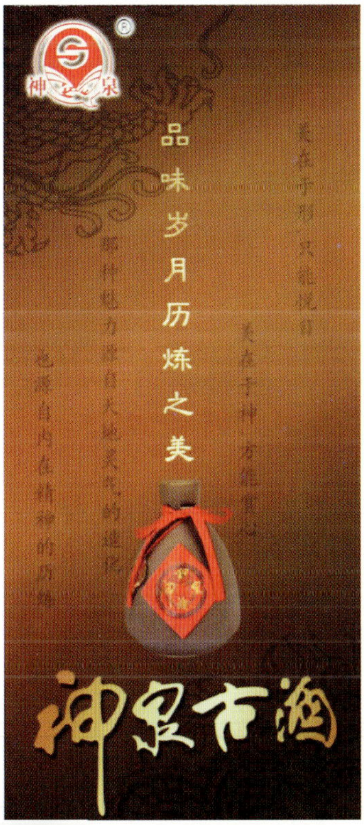

总经理：高云河

传统储酒缸

千吨不锈钢储酒罐

化验室一角

神泉未来

山西神泉酒业有限公司发展规划

为推动和保证山西神泉酒业健康、快速、平稳发展，向广大消费者提供品质优美更多更好的神泉古酒，达到公司、消费者、国家三者共赢的成果目标，特制订本规划。

一 白酒经济及行业环境分析

白酒，是国家限制发展的行业，也是国家税收管制最严的行业之一。自2010年以来，就全国而言，一线名酒（茅台、五粮液等）超常规涨价，产销迅速膨胀；二线名酒（金种子等）随势而上，加速升级，中高端白酒的生存和发展呈现出更多的商品机会和市场空间。然而，随着一线、二线名酒超常规、超历史的迅猛扩张和崛起，强强相争、轮番升级，不停地在抢占市场中高档份额，大有“七雄争霸”之势。加之，区域白酒产品和营销的过度同质化，使得诸侯混战局面愈演愈烈。这种无序的扩张、竞争，面对2012年11月以后，国家政策的调整，尤其是消费方向的引导，迅速显现的软弱无力，无可奈何，最终导致了整个白酒经济的大起大落。

就山西而言，“汾酒”一统天下，稳坐“第一把交椅”的格局虽然没有发生变化，然而目前也同样遇到了巨大的市场挑战。汾阳是白酒最早发祥地之一，汾阳所生产的“清香型”白

酒与“汾酒”一脉相承，无论从酿造工艺、技术水平、酒类品质，汾阳白酒及白酒行业发展趋势，都代表着山西白酒产业的整体发展水平。因此，“汾酒”、汾阳本土酒业的兴衰成为山西整个白酒行业的标志。汾阳白酒业也面临着巨大市场挑战，发展空间等受到了前所未有的挤压，目前正处在发展的关键时期。在整体环境上呈现以下特点：

1. 既面临行业间无序和过度的竞争，又面临如浓香型等其他白酒、红酒、啤酒等替代品的冲击，内忧与外患并起，发展形势严峻。

2. 市场集中度提高，整个白酒行业已经开始由总量增长转向价值增长，向酒行业产品结构的转变，随着社会消费需求变化的脉搏而不断推陈出新。

3. 白酒企业快速扩张，扩大了对市场高粱的需求，从而提高了高粱购进价，造成酿酒

原材料供应成本增加。

4. 下游环节上，由于许多企业快速扩张，导致在渠道、终端竞争越来越激烈，从而使相当一部分有实力的经销商大大地增强了在企业谈判中话语权，企业运营成本不断加重，利润空间不断减少。

5. 杏花白酒园区的建成和中汾酒业公司的投产，是汾阳白酒产业崛起壮大的一个标志，但白酒产量迅猛增大对其他规模较小的白酒企业更是一种强烈的冲击和威胁。

综上所述，在目前严峻的形势下，神泉酒业面临的既是挑战，更是机遇。只要勇敢面对挑战，准确把握好发展机遇，选择并坚持好自己的发展路径，发挥并提升好品牌优势，神泉酒业的明天将会更加美好灿烂，神泉古酒将会拓展更为广阔的市场。“喝神泉古酒，交天下朋友”将会喝响三晋大地，走出娘子关，向世界冲刺。

二 发展思路

神泉酒业的指导思想是，以白酒酿造为主，以神泉古酒品牌为龙头，坚持“走文化路做文化酒”，稳定巩固中低档产品，有针对性拓展中高档产品，不断提升酒品附加值，做精做致，做实做强。

白酒是我国特有的具有悠久历史的传统酒种。汾阳清香型白酒的生产历史源远流长，在长期生产实践中不断发展提高，形成了独特发酵工艺。神泉酒业从1985年建厂到现在，路径同其他白酒企业一样，从初始发展的战略培育期，经过无序的增长和竞争阶段，进入了整合营销期即企业根据资源和目标管理性的市场跟进，以品质为核心构成市场目标，从无序走向了有序。但由于以低档产品为主的格局所限制，其发展空间和获利空间变得越来越小，面对白酒市场在价格等方面的相互打压残杀，调整产品结构、拓展适销对路的中高档酒品，就成为寻求自我生存和发展空间的必然之路。由此，打破白酒需求总体上呈现的产业萎缩、竞争激烈局面，尽快寻找突围，设法冲出整合营销期，走出低谷，使企业尽快实现质的提升，跨入战略腾飞期。近三十年的打拼，神泉酒业由小变大，由弱变强，发展成一个区域性品牌企业，其产品力、品牌力、执行力以及运营力等诸多能力逐渐形成，并获得社会和消费者的认可，成为汾阳市产业化龙头企业。

白酒是汾阳市的三大支柱产业之一，作为产业化龙头企业，振兴白酒产业，推动汾阳经济跨越发展，神泉酒业责无旁贷，神泉酒业一定会大有作为。

三 发展目标

1. 总体目标

面对日趋激烈的市场竞争，公司秉承“用生命做产品，靠诚心做品牌，凭善心做事业”的宗旨，坚持生产经营与资本经营并重，以品牌品质为先导，不断提高品牌认知度，以神泉文化为助力，全力打造企业形象，以进一步完善市场营销渠道建设为突破口，实现区域性品牌企业的历史性跨越，到 2023 年企业销售收入突破 1 亿元，年平均增长 10%以上。

2. 品牌目标

一个品牌只有长期坚持自己的品牌调研力才能形成自己独特的精神气质,才能在多如牛毛的品牌中凸显出来。打造和提升品牌形象，是企业形象提升的需要。

2013 年公司白酒总销售比上年增长 25%，经过多年经营开拓，依托区域优势，神泉古酒建立起了良好的品牌知名度和认知度，与汾阳市其他白酒产品相比，在汾阳区域及周边市县的销售量、销售额和市场占有份额均处于第二位，在汾阳王酒业之后。其中推动业绩增长的主要是占公司酒品销量 70%左右的 10 元的神泉八年系列和 16 元以上的神泉古酒系列。由于公司的中高端白酒业务刚刚展开，大量的广告宣传和品牌效应还没有得到充分释放。目前，白酒行业的高档酒消费开始受到政策引导和宏观经济的影响，但是售价在百元之内的中端白酒，以家庭自用、婚宴消费为主，如果加上区域性传统品牌优势，市场拓展大有文章可作。再加上市场及社会消费结构、消费群体的变化和企业特色文化的助推，附加值极高的个性化的产品具有广阔的开拓前景。因此，公司的品牌目标是：一是稳定增长块，推出关联性新品牌，继续培育和巩固固定消费群体。即占公司总销量 70%以上的传统低端白酒神泉八年，业务增速要保持稳定，市场占有份额每年递增10%。在此基础上，适当提升或推出关联性新品种，扩大固定消费群体，对外形成合力，努力向全省全国市场拓展，把区域性品牌"神泉古酒"打造成全国叫得响的品牌。二是拓展一块，即推出并打造专门用于高端运作的第二品牌。白酒行业已经进入品牌整合时代和适者运作时代，最终要靠实力和耐力说话。因此，要在抓巩固和拓展原有品牌的同时，实施"多元化"品牌发展战略，打造第二品牌，在高端产品的市场运作上实现大的突破，抢占更多的市场份额，不断提升企业竞争力。

3. 管理目标

建立完整的公司内部控制组织架构，依照权限划分为：股东大会、董事会、董事长、总经理、职能部门，各层之间控制程序明确，有相应的问责机制。

（1）设立考核委员会，对公司重大事项实行全程监督，执行问责；进行年中、年终、年度目标责任考核，拟定并提出奖惩兑现方案。

（2）统一机构设置，提高执行力。

（3）设立企业质量管理体系建设工作机构，建立健全质量管理认证和食品安全风险防范体系，强化质量安全管理。

（4）修订和完善《公司章程》，使公司活动和行为更合法、审慎、互利、安全，减少企业经营风险。

① 建立内部控制制度，保证公司业务活动的正常高效运行，保护公司资产的安全和完整。公司内部控制必须遵守以下基本原则：

A. 内部控制涵盖公司内部的各项经济业务、各个部门和各个岗位，针对业务过程中的关键控制点，将内部控制落实到决策、执行、监督、反馈、考核等各个环节。全体员工必须遵照执行，任何部门和个人不得拥有超越内部控制的权力。

B. 在涵盖范围及控制流程全面性的基础上，重点关注重要业务事项和高风险领域的部门。

C. 内部控制保证公司机构、岗位及其职责权限的合理设置和分工，确保不同机构和岗位之间权责分明、相互制约、相互监督，减少扯皮拖拉，提高执行力和办事效率。

D. 内部控制的制定兼顾成本与效益的关系，尽量以合理的控制成本达到最佳的控制效率。

E. 内部控制的制定与企业经营规模、业务范围、竞争状况和风险水平等相适应，并要据实际情况和变化及时予以调整。

② 公司的内部控制基本达到以下目标：

A. 建立和完善符合现代企业管理要求的法人治理结构，内部组织结构及议事规则，形成科学决策机制、执行机制和监督机制，保证公司经营的规范性及管理目标的实现。

B. 建立健全风险控制（如质量安全管理体系）系统，做到行之有效，能够及时识别风险，并采取相应的应对策略，确保公司各项业务活动健康运行。

C. 建立有效的信息与沟通机制，确保信息的及时沟通和公司信息披露的真实、准确、完整。

D. 确保国家有关财务制度、法律法规和公司内部控制制度的贯彻执行。

4. 文化建设目标

企业文化是企业的灵魂，是企业管理的最高境界，是支撑企业健康快速发展的精神脊梁。没有文化的企业，就像沙漠缺少生命活力。文化产生自然的影响力，润物细无声，是一种非制度的强大驱动力。优秀的企业文化，可以凝聚团队，万众一心。企业要走得快、走得久，主要靠的就是“两条腿”：一是文化，二是制度。文化引领企业的方向，制度驱动企业前进。因此，神泉酒业文化建设目标是：

（1）明确企业使命，统一企业的核心价值观，激发公司所有成员团结在一起，为实现企业宏伟愿景、发展蓝图而共同努力，做出贡献。

（2）挖掘和发扬“马跑神泉”文化，不断丰富神泉企业文化。

（3）组建企业文化战略委员会，由董事长挂帅，抽调或聘用专人，全面负责企业文化的建设。

山西神泉酒业有限公司的神圣使命：

让神泉美酒飘香天南地北，滋润天下朋友的心田。

山西神泉酒业有限公司的宏伟愿景：

让神泉酒业成为“充满生机和备受天下朋友喜爱的美酒乐园”。

山西神泉酒业有限公司企业的核心价值观：

诚信 —— 中庸诚信的品行
善行 —— 知恩善行的境界
舍得 —— 有舍有得的胸怀
担当 —— 勇于担当的精神
务实 —— 勤恳务实的作风
极致 —— 追求极致的胆魄

山西神泉酒业有限公司的文化理念：

团队理念：同舟共济，相互成全。

工作理念：天上不会掉馅饼，要吃饱肚子全靠你自己去努力。

经营理念：用生命做产品，靠诚心做品牌，凭善心做事业。

用人理念：平庸之辈自然淘汰，优秀人才保你冒尖。

管理理念：领导做好服务，下属专注服从。

品质理念：做事先做人，人品就是产品。

薪资理念：世上没有免费的午餐，多劳才能多得。

节约理念：节约不一定会更赚钱，但不懂节俭的经营一定会亏了老本。

四 产品定位及发展特色

1. 神泉酒业现状

山西神泉酒业有限公司主要生产以清香型“神泉”牌为代表的两大系列共计45余种酒类产品。多年来，企业恪守传统的汾酒酿造工艺，充分保证了地道“汾酒”的特点。企业在围绕“质量是市场，质量是效益，质量是生命”的发展方针的同时，在产品生产中，严格按照ISO 9001质量管理体系和HACCP食品安全管理标准，进一步细化和强化生产过程中的产品质量控制。如今，在汾阳众多的白酒品牌中，神泉酒业有限公司神泉古酒独树一帜，倍受广大消费者的青睐。

2. 发展特色

为了实现企业的持续、健康、快速发展，神泉酒业自2006年以来，连续开展了升级改造工程，完成了酿酒车间、原酒及成品酒储存区库、勾调中心等建筑设施的改造。目前，具备洞藏观光、游乐、展示、传播等功能的神泉古酒文化设施正在筹备和建设之中。建成后将向世人展示历史悠久、内涵丰富的企业文化和神泉古酒文化。届时，神泉酒业将真正成为绿色高效、美酒品尝、旅游观光、文化传播于一体的神泉古酒生态园。

神泉酒业的升级改造，是一项将传统工艺、科研创新、文化传承和持续发展融为一体的系统工程，世代相传的独特酿酒技术、洞藏古酒和底蕴浑厚的传统白酒文化与现代企业文化，将引领神泉古酒再攀新高峰，向世人传递、展示特有的神泉古酒形象。

五 主要策略和措施

神泉酒业未来发展主要有三大亮点。一是销售区域扩张,在巩固汾阳及周边地区核心市场的同时,销售区域逐步向太原、临汾、大同等市区扩张。二是结构优化,提高中高档白酒比重,潜力巨大。三是加大企业文化投资,打造洞藏、品赏、游乐、观光等于一体的神泉古酒特色产业园。概括起来,神泉酒业未来的主要策略是:让厂商(酒品)更加优质化,让经销商更加团结;扩展并优化终端卖场,让消费者更加优选化;多方形成合力,达成共赢,共同实现产业升级。

神泉酒业能否健康、快速发展,实现既定目标,除了如前所述需要把好生产、供应、管理等关口外,最关键在于拓展市场,不断扩大市场销售量和市场份额。为此须要求:

1. 抓好销售队伍建设,面向社会招聘(用)一批素质高、敢打敢冲、作风过硬的销售人员。

2. 制定市场拓展、销售计划和优惠的奖惩措施和办法。实行销售量、销售额递增重奖,进一步调动积极性。

3. 设立新产品开发工作机构,加大适销对路的新产品的开发力度。

4. 精心策划,通力做好广告宣传活动。广告宣传片的制作,广告宣传词的选择,对一个产品、一个品牌、一个企业的兴衰至关重要。因此,必须做到认真细致、精准、形象。

5. 今后的促销活动

总结以往促销活动的经验和不足,今后将以改进。一是成立专门的促销策划小组,严密的分析每次促销活动的主题、成本、市场等方面的问题,总结经验教训,增加促销活动次数达到预期效果;二是在促销活动前,积极调整摸清市场的喜爱,送出对目标市场有吸引力的赠品;三是开展业务人员及销售人员的培训活动,设立奖惩制度,用以提高员工的执行力。

【后 记】

经过编纂人员近两年的资料收集整理和辛勤笔耕，《古酒神韵》一书几经修改，终得如期付梓。

2015 年，正值山西神泉酒业有限公司建厂三十周年。三十年来，神泉酒业从无到有，由小变大，走过了集体经营、租赁承包、产权置换等发展历程。三十年来，神泉酒业秉承“品质赢市场、文化兴企业”的经营理念，一以贯之致力于“马跑神泉”文化的挖掘、传承以及企业文化的建设。“马跑神泉”深厚的文化底蕴与驰名的古酒品牌相得益彰，带动着企业不断走向新的高度。2013 年 9 月，神泉酒业董事长高云河先生邀老友张前耀先生长叙并达成共识，即在建厂三十年之际编纂出版一部神泉酒业“集大成”书册《古酒神韵》，旨在对神泉酒业及“马跑神泉”文化的挖掘与整理、传承与发展做一个比较系统全面的回顾与总结。领负重托，张前耀先生即刻统筹策划，铺开了《古酒神韵》编纂组织工作。10 月，组建编纂班子，主编为高云河、刘瑞祥、张前耀，由张前耀总负责；副主编为赵世中、张绍锁。11 月 1 日，组织召开编写座谈会，邀请神泉酒业建厂以来峪道河镇历任党委书记、镇长、分管企业领导以及历任厂长进行了广泛的研讨。11 月 3 日，邀请汾阳市刘瑞祥、刘明亮、尔学礼、赵世中、武素伟、张立新等知名文化工作者，对《古酒神韵》的构架、内在基调、编纂内容进行了深入的讨论研究，并确定编纂提纲，将编写任务落实到人，资料收集和初稿编写工作正式启动。刘瑞祥负责“马跑神泉”传说史考部分；赵世中、张绍锁、武素伟负责神泉酒业发展史部分。在编写人员的共同努力下，历经半年辛勤耕耘，2014 年 5 月初稿成型。其后，邀请山西德道设计装饰工程有限公司及 CIID 中国建筑学会室内设计分会常务理事、CIID29（山西）专业委员会主任、山西德道创意总监、著名设计师王寒冰先生，历时半年，以《古酒神韵》初稿为蓝本，采用声、光、电等多种表现形式，并配以实物精心筑造了“神泉酒业企业文化展示厅”。2015年1月，由张前耀统稿交付太原拓彩印艺传播有限公司及李小明先生，开始进入设计、编辑、勘校、出版程序。《古酒神韵》在编写出版过程中，得到了著名哲学家甘易先生的精心指导，反复斟酌、多次修改，内容愈臻充实和完善。

《古酒神韵》的成功出版面世得益于编纂组对任务的合理分配和大家的同心协力。在编写过程中，神泉酒业董事长高云河亲自查找资料，联系外围知情人士，并参与编写内容的审核。山西著名作家、汾阳市文联原主席、汾州文化研究会会长刘瑞祥先生和汾阳市文联主席张立新先生在亲自编写的同时，提供翔实资料，参与审核校对。汾阳市知名文化人士、汾阳市人大法工委原主任赵世中先生、汾阳市统计局原局长师广荣先生、神泉酒业办公室主任马学勤、神泉酒业企业文化战略委员会办公室副主任张绍锁、办公室李建军等数次校勘，精益求精，保证了编写工作的顺利进行。

《古酒神韵》的成功编纂离不开社会各界人士、离退休领导的支持。汾阳市新闻办公室原主任、汾阳市委宣传部党支部书记尔学礼先生，汾阳市天缘影楼经理郭明华先生提供神泉酒业照片；峪道河镇原副镇长冯生才、神泉酒业原厂长王笃金、郝庆贵三位老先生对神泉酒业发展史进行口述与核实；《古酒神韵》收录有田承顺、王成武、张立新、王志华、李剑华、李世林、张云龙、庞登润等人的文章、诗赋，还有众多书法家、画家、书法绘画爱好者的书画作品。在此，表示由衷感谢！

在编写《古酒神韵》的过程中，由于涉及内容历史跨度大，有些年代的资料缺失且无从查起，编者只能四处走访，从口述中拾遗，难免有疏漏和纰误，加之编者水平有限，不足之处在所难免，望各界人士包涵指正。

编　者

2015年9月

图书在版编目（CIP）数据

古酒神韵 / 山西神泉酒业有限公司编 .—北京：方志出版社，2015.10
ISBN 978-7-5144-1721-0

Ⅰ. ①古… Ⅱ. ①山… Ⅲ. ①白酒—酿酒工业—工业企业管理—山西省 Ⅳ. ① F426.82
中国版本图书馆 CIP 数据核字（2015）第 232279 号

古 酒 神 韵

编　　者：山西神泉酒业有限公司
主　　编：高云河　刘瑞祥　张前耀
责任编辑：罗　滔
出 版 人：冀祥德
出 版 者：方志出版社
地址 北京市朝阳区潘家园东里9号（国家方志馆4层）
邮编 100021
网址 http://www.fzph.org
发　　行：方志出版社发行中心
电话（010）67110500
经　　销：各地新华书店
装帧设计：赵海骏
编印总监：李小明
印　　刷：山西大学印刷厂
开　　本：787×1092　　1/16
印　　张：20
字　　数：330千字
版　　次：2015年10月第1版　2015年10月第1次印刷
印　　数：0001~5000册

ISBN 978-7-5144-1721-0　　定价：99.00元